Gertraud Meinel

MAGISCHER MOND

Mythos, Märchen
und Mirakel

Herder
Freiburg · Basel · Wien

Band 21 der
Edition Herder
Erste Auflage 1997
© Verlag Herder Freiburg im Breisgau 1997

Gedruckt auf umweltfreundlichem,
chlorfrei gebleichtem Papier

Einbandgestaltung: Hermann Bausch
Reproduktionen: HWF Müller GmbH, Denzlingen
Herstellung: Freiburger Graphische Betriebe 1997
ISBN 3-451-26310-6

INHALT

★★★★★★★★★★★★★★★★★★★★★★★★★★★★★★★★★★★★★★★

EINLEITUNG

O fortuna	*O Glück,*
velut luna	*so wie der Mond*
statu variabilis	*veränderst du dich stets.*

Carmina burana, 1230

ë❧

MYTHOS MOND

Der Mond besitzt einen geheimnisvollen Zauber, der die Gefühle und Gedanken der Menschen seit Urzeiten bewegt. Er ist der stille Gefährte der Nacht, dessen magisches Leuchten am dunklen Firmament wie eh und je fasziniert.

Im Gegensatz zu den hellen Strahlen der Sonne, deren Glanz das menschliche Auge kaum auszuhalten vermag, lockt das milde Licht des Mondes entweder zur Versenkung des Blicks und zur sinnenden, bewundernden Betrachtung oder zur intensiven, wissenschaftlichen Beobachtung. Es läßt die Menschen staunen und verehren, wünschen und träumen, bangen und hoffen, fragen und forschen.

Noch immer wird der Mond wie seit Jahrtausenden vergöttlicht und personifiziert, angerufen und begrüßt, angebetet und beschworen. Dies gilt nicht nur für fremde Völker, sondern auch für unseren Kulturbereich!

Unzählige Mythen, Märchen, Sagen, Legenden, Lieder und Schwänke beschäftigen sich mit diesem Himmelskörper.

Sie schildern den Mond als Wohnort von Gottheiten und als Land der Träume, aber auch als Jenseitsreich und als Verbannungsort von Frevlern.

Die Erklärungen für die Entstehung der Mondphasen, der Mondflecken und Finsternisse zeigen oft überraschende Übereinstimmungen trotz zeitlicher und räumlicher Distanz, denn sie wurzeln im mythisch-magischen Bereich.

Mond und Sonne erscheinen häufig als weibliches und männliches Prinzip, als Schwester und Bruder und Ehegatten. Sie bilden ein gegensätzliches Paar, das im Streit liegt und nicht zueinander finden kann oder nach einem Inzest entsetzt an den Himmel flieht. Der Mond selbst kann entweder männliches oder weibliches Geschlecht besitzen, dem die ihn repräsentierenden Gottheiten entsprechen. Ihnen werden daher auch unterschiedliche Eigenschaften und Funktionen zugeordnet: Der mächtige Mondgott wird zum Zeitmesser und Helfer in nächtlichen Ängsten und Gefahren, die schöne Mondgöttin jedoch zur Beschützerin der Frauen, der Liebe und Fruchtbarkeit.

Positives, Glücksbringendes und Erfolgversprechendes wird im Volksglauben mit den verschiedenen Mondphasen verbunden, aber auch Bedrohliches, Dämonisches und Schadenbringendes. Der augenscheinliche Gestaltwandel des Mondes, der auf der wechselnden Sonneneinstrahlung beruht, die er wie ein Zauberspiegel reflektiert, wird als deutliches Zeichen seiner magischen Kräfte verstanden und läßt ihn selbst als etwas Lebendiges erscheinen.

Sein Rhythmus, die Grundlage unseres Kalenders, seine Kraft, sogar das Meer zu bewegen und Fortpflanzung und Wachstum

anzuregen und zu bestimmen, dienen als beste Beweise dafür, daß er auch menschliches Geschick zu lenken vermag.

Der Mond ist so unendlich vertraut, daß wir ihn ansprechen, personifizieren und ihm menschliche Eigenschaften beilegen, wobei der Vergleich mit der Sonne die Charakterisierung unterstützt. Er erscheint als Freund, Helfer und Tröster, gilt vornehmlich als gütig, mild, freundlich, verständnisvoll und verschwiegen, aber er kann auch als kalt, ungerührt, abweisend und launisch empfunden werden. Sein Anblick hat unsere Sprache bereichert und mit Poesie erfüllt. Ein geheimnisvoller Zauber scheint Land und Meer im Mondlicht zu verwandeln, den nicht nur Dichter und Maler, Liebende und Romantiker verspüren.

Der Mond verführt zu Schlaf und Traum, lockt aber auch nächtliche Wesen aus der Verborgenheit zu Spiel, Tanz und dämonischen Umtrieben. Von ihm geweckte Wünsche, Phantasien und Sehnsüchte erfüllen sich schließlich in den Mondreisen, im zunächst Irrealen, dann auch in der Realität.

In sieben Kapiteln – einer heiligen und magischen Zahl, die den sieben Tagen einer Mondphase entspricht –, werden zentrale Themenkreise rund um den Mond behandelt. Bei der Auswahl aus einer Fülle weltweiter Überlieferungen soll Unbekanntes und Vertrautes anregen und verwundern, erinnern und erfreuen. Mythische Vorstellungen und Mondsymbole, der Glaube an gefährliche und hilfreiche Einwirkungen des Mondes, der Versuch, sich der magischen Kräfte des Mondes zu bedienen, Zauber und Spuk im Mondlicht, der Einfluß des Mondes auf die Kunst und Reisen zum Mond werden mit Text- und Bildbeispielen dargestellt, um den Eindruck einer seit Jahrtausenden wirkenden Macht des magischen Mondes zu vertiefen.

MONDVEREHRUNG

❦

Ursprünglich erfaßte die Menschen wohl ein kindliches Staunen, wenn sie ehrfürchtig zum dunklen Nachthimmel emporblickten. Seine Schönheit und Erhabenheit mit den vielen großen und kleinen Lichtern, die wie Gold, Silber und Edelsteine funkelten, erweckten Bewunderung und verdrängten die Schrecken der Finsternis. Besonders der Mondaufgang, der bis heute seine Faszination nicht verloren hat, wurde als zauberischer Vorgang empfunden, der gleichzeitig Erlösung aus nächtlichen Ängsten und Gefahren verhieß und daher dankbar begrüßt wurde.

Vermutlich wurde deshalb der Mond neben der Sonne seit Beginn der Menschheitsgeschichte verehrt. Er wurde mit dem segensreichen Himmelstau, mit dem lebenspendenden Wasser, dem Regen und damit der Fruchtbarkeit und dem Wachstum in Zusammenhang gebracht. Gebete und Opferhandlungen galten ihm, um ihn günstig zu stimmen. Tempel und Türme wurden für ihn errichtet, um ihm dort nahe sein zu können, um Erhörung zu finden.

Mythische Erzählungen verschiedenster Völker beschäftigten sich mit dem Mond, seiner Herkunft und Veränderung, seinem siegreichen Ringen mit dämonischen Wesen, vor allem aber mit den Gottheiten, die ihn verkörpern oder auf ihm wohnen.

Vielfach gehen sie den großen Religionen voraus und reichen bis in die Urzeit menschlichen Denkens zurück. Sie versuchen, auf viele ungeklärte und bis heute ungelöste Fragen Antworten zu finden.

SCHÖPFUNGSMYTHEN

Schöpfungsmythen der ganzen Welt erzählen auf sehr unterschiedliche Weise von Herkunft und Entstehung des Mondes. Sie gehen dabei an den Anfang zurück und setzen mächtige Schöpfergottheiten oder heroische Taten voraus.

Sonne und Mond können zusammen aus den Augen einer Gottheit entstehen: So ist nach einem ägyptischen Mythos der Mond das Auge des Horus. Dieser nahm als Himmelsgott die Gestalt eines Falken an, dessen rechtes Auge die Sonne und dessen linkes Auge der Mond war. Seth verletzte dieses Mondauge oder riß es Horus in Gestalt eines schwarzen Ebers aus.

Der Mondgott Thot suchte in der Dunkelheit das verlorene Auge und fügte mit seiner Zauberkraft dessen Teile wieder zusammen. Das Licht des Horus-Auges diente dann dazu, Osiris in der Unterwelt wieder zum Leben zu erwecken. Diese ägyptischen Vorstellungen spielen auf die Mondfinsternis und das Zu- und Abnehmen des Mondes an.

Ähnliches wird auch von dem japanischen Mondgott erzählt: Tsuki-Yomi, der Mondgott der Shinto-Religion, wird geboren, als Izanagi, der Urschöpfergott, nach seiner Unterweltreise sich reinigen muß und sein rechtes Auge auswäscht. Er ist der Bruder der Sonnengöttin Amaterasu, die aus dem linken Auge hervorgeht. Der Name des Mondgottes weist ihn als Verwalter der Zeit aus, denn Tsuki bedeutet „Mond" und Yomi „Zähler der Monate".

In Formosa wird erzählt, daß der Mond aus dem „Blut der Sonne" entstanden ist, auf die wegen ihrer zu großen Hitze geschossen wurde. Auch von zwei Sonnen, die zu heiß sind, wird dort berichtet, von denen eine mit Wasser begossen wird, ihren Glanz verliert, sich abkühlt und zum Mond wird.

★★★★★★★★★★★★★★★★★★★★★★★★★★★★★★★★★★★★

In den Mythen bedarf es oft großer Anstrengung, die Himmelskörper und alles Lebendige auf Erden zu schaffen:

n einem altindischen Mythos entstiegen Sonne und
Mond dem Ozean, den Götter und Dämonen quirlen
mußten, um aus ihm den Trank der Unsterblichkeit
zu gewinnen. Sie setzten dazu den Berg Mandara auf
den Rücken einer Schildkröte, legten eine Schlange
als Seil um den Berg und versetzten ihn in drehende Bewegung.
Der Ozean verwandelte sich in Milch, dann in Butter. „Als die
Götter den Berg mit letzter Kraft noch ein wenig weiterdrehten,
entstiegen dem Ozean die Sonne, der Mond, die Göttin des
Glücks, andere Schätze und schließlich der göttliche Arzt Dhan-
vantari, der das Elixier in Händen hielt." Der Name des Unster-
lichkeitstrankes „amrita", von dem der Dämon der Verfinsterung
vergeblich etwas zu erlangen suchte, wurde mit dem Mond
gleichgesetzt. Seitdem lag der Dämon Rahu in ständigem Zwist
mit dem Mond.

Entstehen Sonne und Mond in den genannten Mythen fast wie
zufällig, so ist nach anderen religiösen Erzählungen das Schöp-
fungswerk ernsthafte, planvolle Arbeit, die manchmal sogar
handwerkliche Kunstfertigkeit verlangt: Die Himmelskörper werden aus Ton geformt oder aus Metall geschmiedet.

Ganz bewußt wurde bereits in alttestamentarischer Zeit versucht, sich von mythischen Vorstellungen und einer Verehrung
der Gestirne und ihrer Gottheiten zu befreien. Ursprünglich soll
auch Mose ein großer Mondverehrer gewesen sein, bis er sich
davon lossagte und sich zum Volk Israel und seinem Glauben
bekannte.

Die Werke Gottes sind Wunder der Schöpfung, sie preisen Gott, dessen Ehre ewig ist, was verschiedene Psalmen besingen. So heißt es in Psalm 104, 19:

„Du hast den Mond gemacht als Maß für die Zeiten,
die Sonne weiß, wann sie untergeht."

Auch Psalm 8, 4–5 spielt auf Gott als den Schöpfer des Mondes an. Der Götzendienst wird absolut unmißverständlich abgelehnt. Dazu wird in Psalm 96, 5 erklärt:

„Alle Götter der Heiden sind nichtig,
der Herr aber hat den Himmel geschaffen."

Nach dem biblischen Schöpfungsbericht entstehen Sonne und Mond nach dem Willen Gottes auf sein mächtiges Wort hin (1. Mos. 1, 14–19). Die strahlenden Gestirne sind sichtbare Zeichen einer wunderbaren Ordnung in vollendeter Harmonie.

In einer Erzählung aus Bulgarien, die von der biblischen Aussage weit entfernt ist, beteiligt sich Christus als Kind bereits an der Erschaffung der Himmelskörper:

 ie Welt war noch nicht geschaffen, als Christus schon existierte. Da er noch ganz klein war, folgte er dem lieben Gott überall hin, indem er sich am Zipfel seiner Kleider festhielt. Überall, wo Gott hinging, folgte ihm Christus; aber das ärgerte den lieben Gott, daß er den Kleinen immer zwischen seinen Füßen hatte: „Es ist nun genug mit dem Nachlaufen, mein Kind", sprach er zu ihm,

„setz dich ein wenig nieder und vergnüge dich womit, wie sich's für ein Kind gehört." Als Christus das hörte, sprang er von den Knien seines Vaters, wo er sich's bequem gemacht hatte, und setzte sich auf den Boden, um zu spielen. Sein erstes Spiel war, aus der Erde Lehm zu kneten und daraus eine große Menge Kugeln zu formen. Er legte sie dann auf Ziegelsteine, um sie trocknen zu lassen. Inzwischen ging der liebe Gott, nachdem er seine Angelegenheiten erledigt hatte, an dem Orte vorüber, wo sein Sohn saß, um sich zu überzeugen, was er machte. Wie er seinen Körper und seine Kleider ganz mit Ton beschmutzt sah, blieb er stehen und sprach: „Aber mein Kind, wo hast du dich so beschmutzt? Was soll dieser Ton, den du da vor dir hast?" „Vater, ich mache mir Kugeln zum Spielen." „Das ist sehr schön, aber was willst du mit einer solchen Menge?" „Nun, ich will mich damit belustigen, sie in die Luft zu werfen." „Ah! Dann willst du also damit spielen? Gut! Wirf ein wenig diese große Kugel in die Luft, um zu sehen, wie weit du imstande bist, sie zu werfen." Christus gehorchte freudig seinem Vater, nahm die größte Kugel und warf sie ziemlich hoch gen Himmel. Aber der liebe Gott segnete sie, und sie stieg sehr hoch empor, blieb an einer bestimmten Stelle stehen und wurde zur Sonne. Sie verbreitete alsbald einen lebhaften Glanz (wie die Sonne bei ihrem Aufgang, wo sie die Menschen blendet). Da legte Christus seine Händchen auf die Augen, um nicht von ihr geblendet zu werden. „Siehst du, wie ich deine große Kugel habe leuchten lassen, mein Sohn? Wohlan, wirf einmal alle anderen, damit ich sie ebenso verwandle." „Ich möchte sie wohl werfen, lieber Vater, aber ich bitte dich, laß sie nicht so stark leuchten wie die große Kugel, die ich selbst nicht ansehen kann." „Schon gut, mein Sohn, wirf sie nur, ich weiß schon, was zu tun ist."

Christus nahm sogleich alle Kugeln, warf sie empor, eine flog nach rechts, eine andere nach links; eine nach oben, eine andere nach unten. Alle zerstreuten sich in dem weiten Himmelsraum, und jede blieb an ihrer Stelle stehen, wie Gott sie gesegnet hatte. Und Gott hatte diese Kugeln wohl gesegnet: Eine sollte der Mond sein, andere die großen Sterne, andere die kleinen. Als Christus sah, daß alle seine Kugeln in der Luft stehen geblieben waren, und er nichts zum Spielen hatte, nahm er in seine beiden Hände Erde und warf sie auf die Sterne, um sie herunterzuholen; aber Gott hatte auch diese Erde gesegnet, und sie verwandelte sich in ganz kleine Sterne; das ist die Milchstraße. So sind die Gestirne entstanden.

Nach jüdischer Überlieferung, abweichend vom Alten Testament, wurde der Mond nicht zugleich mit der Sonne, sondern im Hinblick auf den Irrglauben der Menschen erst nachträglich geschaffen:

Nach den ersten göttlichen Ratschlüssen sollte die Sonne die einzige Beleuchtung der Erde sein. Aber der Geist Gottes sah voraus, daß die blinden Sterblichen die Sterne vergöttern würden. Wenn die Sonne das einzige Licht sein wird, dachte Gott, wie wird man den Irrtum den Sterblichen zerstreuen können?
Darum gab er dem Monde die Regierung der Nacht.

Nach dem dualistischen Denksystem sind Gott und Teufel Widersacher. Der Teufel möchte sich auch an der Schöpfung beteiligen und ahmt Gott ohne Erfolg nach. Wie er möchte er eine Sonne schaffen. Als ihm dies nicht gelingt, stiehlt er einen Teil der göttlichen Sonne, der zum Mond wird.

✦✦✦✦✦✦✦✦✦✦✦✦✦✦✦✦✦✦✦✦✦✦✦✦✦✦✦✦✦✦✦✦✦✦

Solche Erzählungen sind besonders in Osteuropa verbreitet. Zu ihnen zählt auch das recht fremdländisch anmutende Märchen „Die Färber des Mondes". Es stammt aus Estland und enthält noch Nachklänge eines alten Schöpfungsmythos. Der Teufel mit seinen Gesellen spielt dabei eine bedeutsame Rolle:

ltvater hatte schon die ganze Welt erschaffen, aber noch war sein Werk nicht vollkommen, wie es wohl sein sollte, denn noch mangelte es der Welt an ausreichendem Licht. Des Tages wandelte die Sonne ihre Bahn am himmlischen Zelt, aber wenn sie abends unterging, bedeckte tiefe Finsternis Himmel und Erde.

Gar bald ersah der Schöpfer diesen Mangel und gedachte, dem abzuhelfen. So gebot er denn dem Ilmarinen, dafür Sorge zu tragen, daß es fortan auch in den Nächten auf Erden hell sei. Ilmarinen gehorchte dem Befehl, trat hin zu seiner Esse, wo er vordem schon des Himmels Gewölbe geschmiedet, nahm viel Silber und goß daraus eine gewaltige runde Kugel. Die überzog er mit dickem Golde, setzte ein helles Feuer hinein und hieß sie nun ihren Wandel beginnen am Himmelszelt. Darauf schmiedete er unzählige Sterne, gab ihnen mit leichtem Golde ein Ansehen und stellte einen jeden an seinen Platz im Himmelsraum. Da begann neues Leben auf der Erde. Kaum sank die Sonne, da stieg auch schon am Himmelsrande der goldene Mond auf, zog seine blaue Straße und erleuchtete das nächtliche Dunkel nicht anders als die Sonne den Tag. Dazu blinkten neben ihm die unzähligen Sterne und begleiteten ihn wie einen König, bis er endlich am anderen Ende des Himmels anlangte. Dann gingen die Sterne zur Ruhe, der Mond verließ das Himmelsgewölbe, und die Sonne trat an seine Stelle, um dem Weltall ihr Licht zu spenden.

★★★★★★★★★★★★★★★★★★★★★★★★★★★★★★★★★★

So leuchtete nun Tag und Nacht ein gleichmäßiges Licht hoch von oben zur Erde herab. Denn des Mondes Angesicht war ebenso klar und rein wie das Antlitz der Sonne, und nur gleicher Wärme ermangelten seine Strahlen. Am Tage brannte aber die Sonne oftmals so heiß, daß niemand eine Arbeit verrichten mochte. Um so lieber schafften sie dann unter dem Schein des nächtlichen Himmelswächters, und alle Menschen waren von Herzen froh über das Geschenk des Mondes.

Den Teufel aber ärgerte der Mond sehr, denn in seinem hellen Licht konnte er nichts Böses mehr verüben. Zog er einmal auf Beute aus, so erkannte man ihn schon von fern und trieb ihn mit Schanden heim. So kam es, daß er sich in dieser Zeit nicht mehr als zwei Seelen erbeutet hatte. Da saß er nun Tag und Nacht und sann, wie er's wohl angriffe, damit es ihm wieder glückte. […]

Und sieh an, endlich kam dem Bösen selbst ein glücklicher Einfall. „Wir müssen den Mond wieder fortschaffen, wenn wir uns retten wollen", sagte er zu seinen Gesellen. „Wenn es keinen Mond mehr am Himmel gibt, sind wir wieder Helden wie zuvor. Beim matten Sternenlicht können wir ja unbesorgt unsere Werke betreiben!"

„Sollen wir denn den Mond vom Himmel herunterholen?" fragten ihn die Knechte.

„Nein", sprach der Teufel, „der sitzt zu fest daran, herunter bekommen wir ihn nicht! Wir müssen es besser machen. Und das beste wird sein, wir nehmen Teer und beschmieren ihn damit, bis er schwarz wird. Dann mag er am Himmel weiterlaufen, das wird uns nicht verdrießen." […]

Weil es schon sehr spät geworden ist, wartet das Höllenvolk bis zum nächsten Tag.

Der Böse war ausgezogen und hatte eine Tonne Teer gestohlen, die trug er nun in den Wald zu seinen Knechten. Indes waren diese geschäftig, aus sieben Stücken eine lange Leiter zusammenzubinden, und ein jedes Stück maß sieben Klafter. Darauf schafften sie einen tüchtigen Eimer herbei und banden aus Lindenbast einen Schmierwisch zusammen, den sie an einen langen Stiel steckten. So erwarteten sie die Nacht. [...]

Als der Mond am Abend aufstieg, schlug der Böse die Leiter fest in den Grund ein, stützte sie noch mit beiden Händen und schickte den Knecht mit dem Teereimer hinauf zum Monde, gebot ihm aber streng, sich fest an die Sprossen zu hängen ... Der Knecht kletterte so schnell wie möglich mit dem Eimer hinauf und gelangte glücklich zur letzten Sprosse. Eben stieg der Mond in königlicher Pracht hinter dem Walde auf. Da hob der Teufel die ganze Leiter auf und trug sie eilig bis hin an den Mond. Und welch ein Glück! Sie war wirklich gerade so lang, daß sie mit der Spitze an den Mond reichte.

Nun machte sich des Teufels Knecht ohne Säumen ans Werk. Es ist aber nichts Leichtes, oben auf einer solchen Leiter stehen und dem Mond mit einem Teerwisch ins Gesicht fahren wollen. Zudem stand auch der Mond nicht still auf einem Fleck, sondern wandelte ohne Unterlaß seines Weges fürbaß. Darum band sich der Mann da oben mit einem Seil fest an den Mond, und da er also vor dem Fall behütet war, ergriff er den Wisch aus dem Eimer und begann, den Mond zuerst von der hinteren Seite zu schwärzen. Aber die dicke Goldschicht auf dem reinen Monde wollte keinen Schmutz leiden.

Der Knecht strich und schmierte, daß ihm der Schweiß von der Stirne troff, bis es ihm nach vieler Mühe endlich doch gelang, den Rücken des Mondes mit Teer zu überziehen.

Der Teufel unten schaute offenen Mundes der Arbeit zu, und als er das Werk zur Hälfte vollendet sah, sprang er vor Freude von einem Fuß auf den andern. Als er so des Mondes Rücken geschwärzt hatte, schob sich der Knecht mühsam nach vorn, um auch hier den Glanz des Himmelswächters zu vertilgen. Da stand er nun, verschnaufte ein wenig und dachte nach, wie er es anfinge, um mit der andern Seite leichter fertig zu werden. Es fiel ihm aber nichts Gescheites ein, und er mußte es wie zuvor machen. [...]

Inzwischen aber erwacht Altvater aus seinem kurzen Schlummer. Als er erkennt, warum die Welt um die Hälfte dunkler geworden ist, ruft er dem Höllenvolke strafend zu:

„So mögen denn die Übeltäter den verdienten Lohn empfangen! Auf dem Monde bist du und sollst ewig mit deinem Eimer dort bleiben, allen zur Warnung, die der Welt das Licht rauben wollen." Altvaters Worte gingen in Erfüllung. Noch heute steht der Mann mit dem Teereimer im Monde, der deswegen nicht mehr so hell leuchten will wie sonst. Oft wohl steigt der Mond hinab in den Schoß des Meeres und möchte sich reinbaden von seinen Flecken; aber sie bleiben ewig an ihm haften.

Das deutsche Schwankmärchen „Der Mond" stammt aus den „Kinder- und Hausmärchen" der Brüder Grimm, die es erst 1857 als Nr. 175 in ihre Sammlung aufgenommen haben. Es versucht, die Herkunft des Mondes und die Mondphasen zu erklären. Vier Burschen rauben den Mond in einem anderen Land, hängen ihn an einem Baum auf und versorgen ihn mit Öl wie eine Lampe. Das Licht wird immer schwächer, weil jeder Dieb bei seinem

Tode ein Mondviertel als seinen Anteil mit ins Grab nimmt. In der Unterwelt vereinigen sich die Mondteile, die Toten erwachen und können erst durch Petrus wieder zur Ruhe gebracht werden, der den Mond an den Himmel versetzt.

Bis zu seiner Vertonung in Carl Orffs (1895–1982) Oper „Der Mond", die 1939 in München uraufgeführt wurde, ist das Märchen relativ unbekannt geblieben.

In einer mexikanischen Erzählung erfährt die Herkunft des Mondlichts eine von den übrigen Schöpfungsmythen der Welt völlig abweichende und überraschende Erklärung:

 u der Zeit, als die ersten Menschen auf der Welt lebten und langsam begannen, überall zu siedeln, hatte der Sonnengott zwölf Schwestern als Frauen. Sie lebten alle mit ihm im Himmel, bei Tage leuchteten sie, die Nächte aber waren damals ganz finster und ohne jedes Licht.

Hin und wieder besuchte der Sonnengott die Menschen, um sich von ihnen Fleisch zum Essen zu holen, und bei der Gelegenheit fragte er sie: „Wie geht es euch? Gibt es etwas, womit ich euch helfen kann?" – „Ja", sagten sie, „das gibt es. Wir haben es immer sehr schwer in der Nacht, weil wir gar nichts sehen können. Gib uns doch ein Licht für die Nacht!"

Der Sonnengott versprach es. Und nachdem er in den Himmel zurückgekehrt war, sagte er zu seinen Frauen: „Hört!" sagt er, „Die Menschen haben sich beklagt, daß sie während der Nacht nichts sehen. Ich habe nun beschlossen, daß immer sechs von euch bei mir bleiben sollen und mit mir wachsein und mit mir schlafen. Und die sechs anderen sollen am Tage schlafen und in der Nacht über die Himmelswiese gehen. Und in einigen Jahren werden wir wechseln, und dann sollen die Mädchen, die bei mir gewesen sind, in der Nacht auf die Himmelswiese gehen, und die andern sollen mit mir leben."

Wie der Sonnengott es befohlen hatte, so geschah es. Und die Menschen freuten sich, weil die sechs Mondmädchen in der Nacht ein gutes Licht gaben, so daß man auch während der Nacht auf die Jagd gehen oder fischen konnte.

Es verging einige Zeit. Aber man muß wissen, daß die Mondmädchen sehr heißblütig waren, und die Zeit, da sie nicht mit dem Sonnengott schlafen konnten, machte sie noch hitziger. […]

Als nun aber die sechs Mondmädchen, die in der Nacht geleuchtet hatten, zum Sonnengott kamen, da wollte jede von ihnen zuerst auf sein Lager. Sie rissen sich und prügelten sich bis aufs Blut, und da der Sonnengott mitten unter ihnen war, wurde er auch gekratzt und geschlagen, bis er blutete. Das Blut aber tropfte auf die Erde herunter, und wo es niederfiel, da bildete sich auf einmal Gold, wenn es Blut vom Sonnengott war, und Silber, wenn es Blut von einem Mondmädchen war.

Der Sonnengott aber wurde sehr zornig, als er sah, wie es da zuging und wie sich die Mondmädchen um ihn rauften. Und er sagte: „Von jetzt ab werden wir es anders machen, damit ihr nicht mehr so hitzig werdet und über einander herfallt. Es soll nur mehr eine in der Nacht leuchten und auch das nur mehr zwanzig Nächte hindurch. Die andern aber sollen bei mir bleiben."

Und so geschah es.

Wenn nun das Mondmädchen, das seinen Dienst auf der Himmelswiese antritt, kommt, dann ist es so erschöpft, daß es ganz schmal ist und kaum leuchten kann. Aber nach einigen Tagen erholt es sich und wird ganz rund und prall wie eine schöne Frau.

Es dauert aber nicht lange, da wird die Sehnsucht nach dem Sonnengott bei ihr so groß, daß sie wieder schmäler wird. Und endlich sehnt sie sich so nach ihrem Mann, daß sie vom Himmel verschwindet, wenn sie auch eigentlich in der Nacht noch ihren Dienst tun und leuchten sollte. Und da die Schwestern einander gern haben, verraten sie die Schwester nicht, die früher heimkommt, denn jede zählt darauf, daß die andern auch sie nicht verraten werden, wenn sie Dienst haben.

Die erotische Sehnsucht der Mondmädchen stört ihren nächtlichen Auftrag und führt zu Streit, wobei aus ihrem Blut das Silber entsteht, das dem Mond wegen seiner Farbähnlichkeit zugeordnet ist. Auch die Mondphasen finden eine Erklärung: Erschöpfung, Erholung und Sehnsucht verändern die Gestalt des einen Mondmädchens, das auf der Himmelswiese Dienst tun muß, von der es ohne Wissen des Sonnengottes vorzeitig verschwindet.

SONNE UND MOND ALS UNGLEICHES PAAR

Sonne und Mond, die in den Mythen gleichzeitig oder nur kurz nacheinander entstehen oder geboren werden, gelten oft als Bruder und Schwester, als neidische Schwestern oder Schwägerinnen, als gegensätzliches Liebespaar – die Sonne heiß vor Verlangen, der Mond aber kühl und abweisend – und als ewig streitende Eheleute, die nur ganz selten und für kurze Zeit zueinander finden können.

Eine mystische Hochzeit zwischen Sonne und Mond findet bei Dunkelmond statt, da ihre Vereinigung nur zu dieser Zeit erfolgen kann. Verbreitet ist die interessante Vorstellung eines mythi-

schen Inzests zwischen Sonne und Mond, den einzigen Partnern, die einander ebenbürtig sind. Sie sind dann entweder Bruder und Schwester, wie beispielsweise Helios und Selene, oder Vater und Tochter.

Frühe Herrscherdynastien folgten diesem Beispiel der Götter oder begründeten damit die sonst tabuierten Verbindungen.

Märchen enthalten noch Nachklänge davon. So muß beispiels-

★★★★★★★★★★★★★★★★★★★★★★★★★★★★★★★★★★★★

weise „Allerleirauh" in dem Grimmschen Märchen Nr. 65 vom Hof ihres Vaters fliehen, als dieser sie begehrt, weil nur sie allein der Schönheit ihrer verstorbenen Mutter entspricht.

Die Mythen kennen aber auch den unbeabsichtigten Inzest.

In einer Erzählung der Eskimos lebt diese Vorstellung bis heute weiter:

Die Sonne wirft ihrem Liebhaber, dem Mond, den sie in der Dunkelheit nicht erkennen kann, Asche ins Gesicht und schwärzt heimlich seinen Rücken. Am Morgen erfährt sie, mit wem sie sich vereinigt hat. Entsetzt flieht sie voller Scham an den Himmel, als sie in ihm ihren Bruder entdeckt. Der Mond verfolgt sie und trägt seitdem die Flecken im Gesicht, während sein Rücken dunkel ist, der auch der Erde immer abgewandt bleibt.

Die altchinesische Mythologie kennt bereits eine schöne Mondgöttin als Beherrscherin der Nacht, die sich weigert, den häßlichen Sonnengott zu heiraten, für den der Himmelsherrscher wirbt.

Ein südchinesisches Märchen aus Taiwan, das erst 1972 von der 45jährigen Frau eines Bauern erzählt wurde, erinnert daran:

or langen Zeiten wollte der Himmelsherrscher die Mondgöttin dem Sonnengott zur Gattin geben. Der Sonnengott war ziemlich häßlich, und die schöne Göttin wollte nicht mit ihm verheiratet sein. Mehrmals ging der Himmelsherrscher zur Göttin des Mondes und sagte ihr Gutes über den Gott der Sonne. Nicht gut sei in der Tat sein Äußeres, sagte der Himmelsherrscher, aber sein Herz sei gut. Nachdem der Himmelsherrscher mehrmals zu ihr gekommen war, meinte die Göttin, es wäre nicht höflich, den

Antrag abzuweisen. Und deshalb sagte sie: „Ich nehme den Antrag an, unter einer Bedingung." Der Himmelsherrscher sagte: „Sprich die Bedingung aus!" „Die Frau des Sonnengottes will ich sein", erwiderte die Göttin des Mondes, „vorausgesetzt, daß er mich selber holen kann. Kann er es nicht, wird aus der Heirat nichts." Sofort nach diesen Worten ging die Mondgöttin eilig auf ihren Nachtspaziergang. Der Himmelsherrscher brachte inzwischen dem Sonnengott die Nachricht, und augenblicklich rannte der Sonnengott hinter der Mondgöttin her. Doch als er im Osten ankam, hatte sie schon den Westen erreicht; und als er im Westen ankam, war sie schon wieder im Osten. Sie einzuholen gelang ihm nicht. Und deshalb sind bis heute Mondgöttin und Sonnengott nicht miteinander vermählt.

Beide Gottheiten verkörpern polare Gegensätze, das weibliche Yin und das männliche Yang.

MONDGOTTHEITEN

Es gab keinen ausgesprochenen Mondkult, der sich ausschließlich auf eine Verehrung dieses Himmelskörpers bezog. Stattdessen richtete sich diese immer an seine Personifizierungen, an Gottheiten, die mit ihm identifiziert wurden.

Auffallend ist das unterschiedliche Geschlecht der Mondgottheiten und des Mondes selbst in verschiedenen Regionen der Erde. Die Gründe hierfür liegen nicht nur im Sprachverständnis oder am Vorherrschen einer patriarchalischen oder matriarchalischen Gesellschaftsform, wenn der Mond einmal männliche und einmal weibliche Züge trägt.

Ursprünglich scheint der Mond bei manchen Völkern androgyn, also ein Zwitter gewesen zu sein. Verschiedene Mondphasen wurden sogar unterschiedlich dem männlichen oder weiblichen Prinzip zugeordnet. Beispielsweise halten die Buschmänner in Südafrika noch immer den Vollmond für weiblich und den Neumond für männlich, während der Mond bei den brasilianischen Mura 14 Tage als männlich und 14 Tage als weiblich gilt.

Im Laufe der historischen und gesellschaftlichen Entwicklung bestanden oft Mondgötter und Mondgöttinnen in einem Kulturraum nebeneinander oder lösten sich generationsmäßig ab wie in Babylon bei Sin und seiner Tochter Ischtar.

Wo die Sonne dominiert und als Spenderin allen Lebens verehrt wird, besitzt sie die männliche Kraft eines Herrschers. Der Mond erhält dann meist weibliche Züge, der Milde, Sanftheit. Die Mondin ist die Hingebungsvolle, die Empfangende und Hilfreiche.

In den gemäßigten Zonen der Erde, wo man mit Erfolg Ackerbau betreibt und sich eine höhere Kultur entwickeln konnte, sind es häufig schöne Mondgöttinnen, die als keusch oder mütterlich gelten und von Mädchen und Frauen verehrt werden. Sie segnen die Felder, schenken Tau und Regen, fördern die Fruchtbarkeit und verhelfen zu Liebes- und Eheglück sowie Kindersegen. Ihre strahlende Schönheit galt als Vorbild. „Schön wie der Mond" war die höchste lobende Bezeichnung anmutiger Mädchen im Orient, die noch als Formel im Märchen weiterlebt.

In den extrem heißen oder kalten Regionen der Erde, wo die Sonne in ihrem unerbittlichen Strahlen als feindlich, sogar zerstörerisch empfunden wird, die alles Leben lähmen und vernichten kann, oder wo sie zu schwach ist wie im arktischen Winter, genießt der Mond größere Verehrung als sie.

Der Mond wird als mächtiger männlicher Gott gesehen, dem meistens auch männliche Priester dienen. Diese sind gleichzeitig Astronomen, die seinen Lauf und seine Veränderungen beobachten. Sie sehen in ihm einen Gott der Zeit und der Zahlen und richten ihre Berechnungen und Kalender nach ihm aus.

Vor allem aber ist wichtig, daß der Mond mit seinem Schein in der Nacht notwendige männliche Arbeiten erleichtert und Schutz vor wilden Tieren und Ungeheuern bietet. Sein Licht zeigt den Wanderern ihren Weg, hilft den Karawanen bei ihrem Zug durch die Wüste in der Nachtkühle oder leuchtet bei der Durchquerung von Eis und Schnee im hohen Norden. Fischer und Seefahrer, Jäger, Hirten und Nomaden verehren den Mondgott daher besonders und bitten ihn um Erfolg und Beistand durch sein Zauberlicht.

Eine Bestätigung dieser Überlegungen bietet die Tatsache, daß beispielsweise in China an eine schöne Mondgöttin oder Mondfee geglaubt wurde, während im Nachbarland Japan, dessen Inselbevölkerung vorzugsweise vom Fischfang lebte, ein Mondgott verehrt wurde. Die dort für ihn errichteten Schreine stammten von den Fischern, die den Mondgott um einen reichen Fang baten.

Auch im angrenzenden Indien wurde der Mond mit dem Gott Rama identifiziert. Der Mond ist für die Inder Inbegriff alles Erfreulichen und Lebensfördernden. Er spendet Erholung in den kühlen Nächten. Rama wird als Mondgott auch als Herr der Bäume, Pflanzen und aller Heilkräuter verehrt. Er läßt für sie den erfrischenden Tau vom Himmel regnen.

Aus der verwirrenden Vielfalt der Vorstellungen von männlichen und weiblichen Mondgottheiten, die weltweit verbreitet sind, sollen im folgenden nur einige der ältesten und bis heute bedeutsamen ausgewählt und etwas ausführlicher behandelt werden.

ssyrer, Babylonier und Sumerer verehrten schon vor Jahrtausenden den Mondgott *Sin,* den gutmütigen Sohn des Sturmgottes Enlil. Nach der mythischen Überlieferung war Sin der Vater des Sonnengottes und besaß daher ursprünglich wohl größere Bedeutung für die Menschen, die seinen Schutz erflehten, als sein Sohn. Denn die Nacht, die er beherrschte, barg weit gefährlichere Schrecknisse als der helle Tag.

Sins Gemahlin Ningal hatte dem Mondgott zwei Söhne und eine Tochter geschenkt: Schamasch, den Gott der Sonne, Nusku, den Gott des Feuers, und Ischtar, die Personifizierung des Venussternes und damit die Göttin der Liebe.

Bei den Babyloniern galt Ischtar außerdem noch als Herrscherin des Mondes. Als sie freiwillig in das Totenreich hinabstieg, um dort unter Demütigungen und Gefahren ihren Geliebten Tammuz zu befreien, soll sich der Mond verdunkelt haben, weil sie ihre leuchtenden Kleider dort ablegen mußte. Als sie siegreich von ihrer Unterweltreise zurückkehrte, begann auch der Mond wieder zu scheinen.

Bereits 3000 Jahre v. Chr. betrachteten die Babylonier den Mondgott Sin als eine ihrer Hauptgottheiten. Seine berühmteste Anbetungsstätte befand sich in der Stadt Ur, wo an Tempelresten, in den Stein eingegraben, eine Hymne entdeckt wurde. Sie pries ihn als Vatergott:

[Er] schreitet vom Grund des Himmels bis zum Zenit herrlich einher ... erschafft das Licht für die Welt ... offenbart sich als barmherziger, gnädiger Vater, dessen Hand das Leben des ganzen Landes hält ... Vater, der alles erzeugt, der die lebenden Wesen ansieht und die Gebote ausspricht.

Sin galt als sehr weise und gerecht, als Berater der anderen Götter und als Feind und Verfolger aller Übeltäter, die den Schutz der Dunkelheit nutzen wollten. Er war deshalb auch allen bösen und dämonischen Wesen der Nacht verhaßt. Sie rotteten sich zusammen, um sein Licht auszulöschen, das sie bei ihren Umtrieben hinderte. Dies gelang ihnen eine Zeitlang, bis Marduk, der große Held der assyrisch-babylonischen Mythologie, entschlossen einschritt und sie besiegte. Danach konnte der Mondgott Sin in Gestalt eines freundlichen, älteren Mannes mit hohem Turban und wallendem Bart wieder allabendlich seine leuchtende Mondbarke besteigen, um das nächtliche Himmelsmeer zu durchfahren und für das trostbringende und hilfreiche Licht zu sorgen.

Als Marduk nach erfolgreichen Kämpfen gegen feindliche Götter, Drachen und Ungeheuer selbst zum allerhöchsten Gott aufgestiegen war, der alles Leben und auch den Kreislauf der Planeten lenkte, beauftragte er Sin, die Zeit zu messen und ihren Ablauf anzuzeigen. Der Mondgott erfüllte diese Aufgabe willig, indem er für alle sichtbar die Form seines Leuchtbootes am Himmel veränderte. Einmal im Monat ließ er es zu einer hellen Scheibe werden.

Damit wurde Sin zum Gott der Zeiteinteilung, dessen Name nun auch häufiger mit dem Zahlzeichen für 30 geschrieben wurde, das der Anzahl der Tage eines Monats entsprach.

Nach dem Mondgott wurden aber auch die Wüste Sin und der Sinai, der Berg des Mondes, benannt. Priester und Gläubige erstiegen voller Hoffnung diesen Berg. Sie meinten, der Gottheit dort besonders nahe zu sein und Erhörung zu finden bei ihren Gebeten und Schicksalsfragen, denn Sin konnte auch vorausdeutende Träume und prophetische Offenbarungen schenken.

Daß die Verehrung Sins jahrtausendealt ist, belegt das berühmte „Gilgamesch-Epos" aus dem 12. Jahrhundert v. Chr.

 rotz der vorrangigen Sonnenverehrung in Ägypten besaßen auch verschiedene Mondgötter wie Chons und Thot hohes Ansehen.

Thot, der bedeutendste Mondgott der Ägypter, galt als Herr von Zeit, Zahl, Maß und Gesetz, denn nach den Mondphasen wurde das objektive Zeitmaß festgelegt. Der Mondgott erhielt deshalb das Attribut einer Palmrippe, nach der die Mondnächte abgezählt werden konnten. Sein Hauptfest wurde einige Tage nach dem ersten Neujahrsvollmond mit großer Freude gefeiert.

Als Erfinder der Hieroglyphen hielt der Mondgott Thot alle Entscheidungen der Götter schriftlich fest und übernahm auch die Aufgabe, die Urteile beim Totengericht niederzuschreiben, die von Osiris gefällt wurden. Bei dieser entscheidenden Szene für die Verstorbenen wurde Thot mit seinem Schreibzeug bei seiner Arbeit gezeigt. Hierauf beruhte die Verbindung des Mondgottes mit dem Tod, der Unterwelt und der Wiedergeburt.

Thot wurde in tiefblauen Statuen aus Keramik und in Wandmalereien und Reliefs in Tempeln und Grabanlagen dargestellt, meistens in schöner Menschengestalt mit einem Ibiskopf, der eine Mondsichel in Form einer Barke tragen konnte, oder mit einem Affen- oder Hundekopf. Er konnte aber auch ganz die Tiergestalt eines Pavians oder Ibis annehmen, die den Mond symbolisierten.

Als Schutzherr der Literatur und als Hüter der Weisheit stand Thot vor allem mit dem Geheimwissen der Magie in Verbindung.

Sein wichtigstes Kultzentrum mit Tempeln, Werkstätten und sorgfältig angelegten Gärten befand sich in Chmun. Später wurde es von den Griechen Hermopolis genannt, da sie Thot mit ihrem Erfindergott Hermes gleichsetzten, dem Verfasser astrologischer, religiös-philosophischer und okkultistischer Schriften.

Die Bibliothek in dem Tempel von Hermopolis war weithin berühmt. Sie sollte sogar Papyrusrollen besitzen, die der Mondgott Thot eigenhändig beschrieben hatte, darunter das magische „Buch Thot".

Nach anderer Überlieferung war dieses Zauberbuch in einem Grab bei Memphis verborgen, von wo es der Prinz Satom Chaemwese nach einem mutigen Kampf gegen Geister an sich nahm. Er gab das Buch Thot jedoch freiwillig nach einer unerfreulichen Begegnung mit einem Phantom zurück.

ie Griechen verehrten in der Antike *Selene*, „die Strahlende", als Göttin des Mondes. Bei den Römern wurde sie als Luna, „die Leuchtende" bezeichnet. Selene war im klassischen Altertum mit verschiedenen Mythen verbunden. Sie galt als Tochter des Sonnengottes Helios und der Euryphaëssa, laut Hesiodos aber als Tochter der Titanin Theia und des Titanen Hyperion, beide Nachkommen von Uranos und Gaia. Häufiger war Hyperion aber auch ein anderer Name für den Sonnengott Helios, was zu Verwirrungen führen konnte.

Der um 700 v. Chr. geborene griechische Epiker Hesiodos versuchte in seiner „Theogonie", der Götterentstehung, eine Genealogie der Götter zu erstellen. In Kapitel V über die Titanengeschlechter schrieb er in den Versen 371 bis 374 über die Eltern und Geschwister der Mondgöttin:

„Theia aber gebar den großen Helios und die leuchtende Selene und die Eos, die allen Erdbewohnern leuchtet und den unsterblichen Göttern, die den weiten Himmel bewohnen, in Liebe bezwungen von Hyperion."

Selene war demnach die Zwillingsschwester des Sonnengottes. Sie wurde später seine Gemahlin und sollte sich jeweils in der Zeit des Dunkelmondes mit ihm vereinigen.

Außerdem wurde von ihr erzählt, daß sie dem Zeus zwei Töchter, Herse, den Tau, und Pandia gebar. Auch Pan versuchte, die schöne Göttin mit einem weißen Wollfließ zu verführen.

Am bekanntesten geblieben ist jedoch ihre Liebesbeziehung zu Endymion, der allein ihrer Schönheit ebenbürtig war. Mythen, Dichtungen und bildende Künste nahmen sich dieses Themas mit Vorliebe an. Der schöne Jüngling Endymion, ein Sohn des Zeus, war König vor Elis und wurde zärtlich von Selene geliebt. Sooft er von der Jagd ermüdet auf dem Berge Katmos entschlummerte, stieg sie vom Himmel zu ihm hinab, um ihn zu küssen und bei ihm zu ruhen. Sie gebar ihm 50 Töchter, in denen man das Symbol der 50 Mondmonate zwischen den Olympischen Spielen sah. Selene wurde damit zum Inbegriff der Liebe und Fruchtbarkeit und damit auch zur Schutzherrin von Empfängnis und Geburt. Selenes Liebe zu Endymion war so groß, daß sie ihm versprach, jeden Wunsch zu erfüllen.

Er war vor allem darauf bedacht, für immer seine Schönheit zu behalten und äußerte diese Bitte, worauf er durch Selene oder Zeus in einen ewigen Schlaf versetzt wurde, der ihm seine blühende Jugend bewahrte. Jede Nacht besuchte daraufhin Selene den schönen Schläfer in seiner Höhle, um ihm ihre Liebe zu schenken.

Die Mondgöttin wurde mit verschleiertem Hinterhaupt, den Halbmond als Schmuck über der Stirn und einer Fackel in der Hand, auf Rossen oder Kühen reitend, dargestellt. Berühmt geworden ist das „Roß der Selene" vom Ostgiebel des Parthenon.

ie Römer verehrten die schöne Mondgöttin *Luna*, Beherrscherin der Nacht, des Meeres, der Liebe und Fruchtbarkeit. Sie übertrugen auf sie einfach alle ihnen bekannt gewordenen Vorstellungen, die mit der griechischen Mondgöttin Selene verbunden waren, selbst deren Liebesbeziehung zu dem schönen Schläfer Endymion.

Die römische Mondgöttin Luna wurde am letzten Tag des Monats März verehrt. Als „Noctiluna", also als „Leuchterin der Nacht", besaß sie sogar einen eigenen Tempel auf dem Palatin.

Sie galt wie Sol auch als Schutzgöttin des Zirkus.

Die Mondgöttin ist durch die Eroberungszüge der Römer auch bei uns bekannt geworden, ohne jedoch recht heimisch und volkstümlich zu werden. Den männlichen Mondgott des Nordens vermochte sie nicht zu verdrängen.

Die Bezeichnung „Luna" wurde meistens nur poetisch für den Mond gebraucht, so schrieb beispielsweise der junge Goethe im Stile der Rokoko-Lyrik im Jahre 1768 ein Gedicht „An Luna", in dem er sie als „Schwester von dem ersten Licht" bezeichnete.

Auch in der Wissenschaft wird „Luna" zur Bezeichnung gebraucht, wenn vom Mond die Rede ist. So ist der medizinische Fachausdruck für einen Mondsüchtigen „Lunatiker", und die Mondsüchtigkeit selbst wird als „Lunatismus" definiert.

Andererseits wurde der Name der Mondgöttin Luna volksetymologisch mit dem Wort „Laune" in Verbindung gebracht. Da sie auch die Menstruation der Frauen bewirken sollte, die Mißstimmungen und einen Wechsel der Gefühle wegen der hormonalen Veränderungen hervorrufen konnte, wurde dies aus Unverständnis als „Launenhaftigkeit" abgetan und der Mondgöttin daran die Schuld gegeben.

5000 JAHRE MONDVEREHRUNG

Schriftliche Aufzeichnungen aus dem Vorderen Orient belegen, daß die Verehrung eines Mondgottes dort bereits um 3000 v. Chr. üblich war. Sie reicht vermutlich noch viel weiter zurück, obwohl verläßliche Quellen dafür fehlen.

Der Mond wurde besonders auf Bergen verehrt, die allgemein als Wohnsitz der Götter galten. Man glaubte sich ihm dort besonders nahe und hoffte auf Erhörung.

In der Ebene, wo die Erhebungen fehlten, errichtete man zu diesem Zweck hohe Türme, von denen aus auch Himmelsbeobachtungen und Berechnungen erfolgen konnten. Die Priester waren auch die ersten Astronomen.

Der durch das Alte Testament (1. Mos. 11,1–8) berühmt gewordene „Turm von Babel", dessen Weiterbau Gott durch die Sprachverwirrung verhinderte, war wahrscheinlich nur einer unter den vielen Zikkurat, die für die Mondverehrung und -beobachtung errichtet worden waren. Ihre Anlage in sieben Stufen deutete auf ihre Funktion hin – jede der Mondphasen dauerte sieben Tage.

Die Beschäftigung mit dem Himmelskörper durch die Jahrtausende bis zur Gegenwart bezeugen Mythen, Märchen, literarische Texte und Kunstwerke verschiedener Völker.

Auf zwei Beispiele der Mondverehrung in unserem Jahrhundert soll noch aufmerksam gemacht werden.

In China wurden Sonne und Mond bis ins frühe 20. Jahrhundert mit Opferzeremonien und in Ritualen verehrt. Noch heute bestehen Sonnen- und Mondaltäre in Peking, die jedoch nicht mehr in offiziellem Gebrauch sind. Trotzdem besitzen die Chinesen noch immer eine starke emotionale Bindung an den Mond, besonders an den Vollmond, dessen runde Form Einheit und Vollständigkeit der Familie symbolisiert. Deshalb wird das Herbstfest am 15. Tag des achten Monats nach dem Mondkalender bei Vollmond auch weiterhin gefeiert. Alle Familienmitglieder kommen dazu von weither zusammen, und man ißt bei diesem Fest gemeinsam runde „Mondkuchen".

Naturverbundene Völker begreifen sich als Teil der Schöpfung, die sie vor Zerstörung bewahren und für kommende Generationen in ihrer Schönheit und Vollkommenheit erhalten wollen. Im Mond sehen sie noch immer ein weibliches Prinzip, dem sie ehrfürchtig begegnen.

Tiere und Pflanzen, Wasser und Bäume, Wind und Donner, aber auch Sonne, Mond und Sterne werden von ihnen als Verwandte betrachtet, die ihnen ebenbürtig und vertraut sind und denen sie für ihr Wirken Dank schulden.

So nennen beispielsweise die Pygmäen in Zentralafrika den Mond ihre „Mutter", während die Mohawk-Indianer Nordamerikas die Erde als „Mutter" und die Sonne als ihren ältesten „Bruder" bezeichnen, den Mond aber besonders liebevoll als „Großmutter".

MONDSYMBOLIK

Durch die ständige Veränderung seiner Gestalt ist der Mond zum Sinnbild für das Geheimnis des Lebens geworden, das sich in immerwährender Wandlung befindet und sich durch Werden, Vergehen und Wiedererstehen fortsetzt und erneuert. Die verschiedenen Mondphasen besitzen daher überall auf der Welt eine grundlegende Bedeutung für eine ausgeprägte, differenzierte Mondsymbolik, deren Spuren sich sogar bis zur Eiszeit zurückverfolgen lassen.

Das Erscheinen, Anwachsen, Abnehmen und Verschwinden des Lichtes wird mit Geburt, Wachstum, Krankheit und Tod verglichen und auf das menschliche Geschick bezogen, wobei das Zyklische des Geschehens zum Zeichen der Hoffnung wird. So heißt es noch heute bei Neumondriten kalifornischer Eingeborener, wenn sie nach den Tagen gefahrvoller Dunkelheit das neue Licht des Mondes freudig begrüßen: „Wie der Mond stirbt und zu neuem Leben erwacht, so werden auch wir Sterblichen leben.“

Das Bild des Mondes ist deshalb auch ein beliebter Grabschmuck geworden, denn der Mondtod führt zur Neugeburt, zur Auferstehung. Am häufigsten wird der Mond, der auch Fruchtbarkeit, Liebe und Glück symbolisieren kann, als Halbmond oder Sichelmond dargestellt, der sich in seiner zunehmenden Phase befindet. Er erscheint auch als Attribut weiblicher, besonders jungfräulicher Gottheiten. Darüber hinaus ist der Mond ein Symbol des Weiblichen überhaupt, des Milden, der empfangenden Passivität, des Unbewußten und des Gefühls.

Stärke und Macht des Mondes werden durch Stierhörner, Sichel, Axt und Doppelaxt symbolisiert, sein plötzliches Auftauchen und Verschwinden durch Schlange, Frosch und Bär. Bei Naturvölkern gilt auch die Spinne als Symbol des Mondes, da dieser die Schicksalsfäden knüpfen soll.

Im folgenden werden einige besonders interessante Mondsymbole mit ihrem Glaubenshintergrund vorgestellt.

DIE ÄGYPTISCHE MONDBARKE

m Vorderen Orient und über den südlichen Gebieten am Mittelmeer erscheint die Mondsichel in horizontaler Lage relativ flach am Firmament, worauf die Vorstellungen einer goldenen Schale, eines leuchtenden Bootes oder eines strahlenden Diadems einer Mondgottheit zurückzuführen sind.

Das Bild der ägyptischen Mondbarke, die still durch den Nachthimmel gleitet, beruht auf der üblichen Fortbewegungsart auf dem Nil. Es entspricht außerdem dem Glauben an eine Sonnenbarke, die auf einem unterirdischen Nil die nächtlichen Gefilde der Unterwelt mit ihren Schrecken bis zur Wiedergeburt einer neuen Sonne am Morgen durchfahren muß.

Die Mondbarke trägt den Mond in seinen beiden für die Ägypter entscheidenden Formen gleichzeitig, indem der Vollmond in der Mondsichel wie in einer Schale geborgen ruht. Beginn, Vollendung und Wiederbeginn des Lebens werden durch diese beiden Mondphasen in überzeugender Weise symbolisiert.

Zwei Schmuckstücke als kostbare Grabbeigaben Tutanchamuns, die die Mondbarke in genialer Konzentration auf das Wesentliche

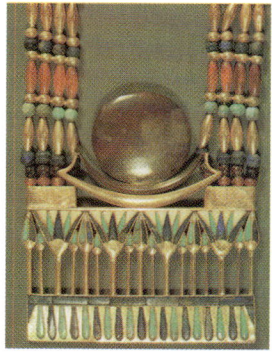 

zeigen, vermitteln einen Eindruck von dem ästhetischen Form-
gefühl und der großen Kunstfertigkeit der Ägypter um 1338 v. Chr.
Die beiden wundervollen Pektorale, die der junge Pharao wohl
auch zu seinen Lebzeiten als Brustschmuck getragen hat, besa-
ßen vermutlich durch das magische Bild des Mondes eine Schutz-
funktion, die bis in den Tod wirksam blieb.

Besonders deutlich wird dies an dem Pektoral, das über der
Mondbarke in einer krönenden Darstellung den Herrscher selbst
zeigt, wie er von dem Sonnengott Ra und dem Mondgott Thot
beschützt wird.

Der Beistand dieser beiden Gottheiten ist allumfassend, er gilt
für Tag und Nacht, für Leben und Tod. Es kann also auf den
Amulettcharakter beider Pektorale mit der Mondbarke geschlos-
sen werden. Da der Mondgott Thot auch mit dem Totenreich in
Verbindung steht – er besitzt die Funktion des Schreibers beim
Totengericht, dem niemand entgeht –, kann sein Bild, das der Ver-
storbene bei sich trägt, besonders hilfreich gegen alle Gefahren
im Reich der Toten sein.

DAS SYMBOL DER MONDSICHEL

Den Einband dieses Buches schmückt die Darstellung einer aufrechtstehenden Mondsichel mit kraftvollem männlichen Profil, das sich nach links wendet.

Dies ist ein ausgesprochenes Glückssymbol, da der Mond in seiner zunehmenden Phase gezeigt wird, die nach dem Sympathieglauben auf Erden alles begünstigen und gedeihen lassen soll. Mikrokosmos und Makrokosmos stehen danach in Verbindung und beeinflussen sich. Die seit dem Mittelalter bei uns übliche Art der Gestaltung des zunehmenden Mondes – auch religiöse Darstellungen zeigen den Mond mit einem Gesicht auf der Sichel – ist bei uns so geläufig, daß sie heute tausendfach begegnet, sei es im vorweihnachtlichen Schmuck, als Form des Gebäcks, als Dekor auf Papier, Textilien und Keramik oder in der Werbung.

Wie gedankenlos dies jedoch zum Teil geschieht, ergibt sich aus der fast ebenso häufigen Verwendung des ungünstiger wirkenden abnehmenden Mondes in der spiegelbildlichen Umkehrung.

Sein Bild erscheint aber auch ganz bewußt in den Initialen dieses Buches. Er wendet damit seinen Blick dem Text zu, dessen Entstehen er nach dem Volksglauben ebenfalls fördert. Der Ausfluß der Gedanken soll sich unter seinem Einfluß nach der Sammelphase bis zum Vollmond nun regelrecht verströmen.

Allgemein spielt die Mondsichel im Abwehrzauber als Amulett eine große Rolle, was noch immer besonders in Italien gebräuchlich ist. Bei uns wird sie ebenfalls noch als Schmuck verwendet, jedoch ohne magische Bedeutung.

DIE MONDSICHELMADONNA

ereits im Hohelied 6, 10 heißt es vom Liebreiz der Braut: „Pulchra ut luna, electa ut sol". Dieser Lobpreis „Schön wie der Mond, auserwählt wie die Sonne" ist später auf die Jungfrau Maria übertragen worden, die im Mittelalter sogar manche Ähnlichkeiten mit orientalischen Mondgöttinnen besitzt.

So hat Maria wie die lunare Isis der ägyptischen Spätzeit die Sonne geboren, da Jesus als „Licht der Welt" mit dieser gleichgesetzt wird.

Ein Abglanz ihres Sohnes fällt auf Maria als Gottesgebärerin wie das Licht der Sonne auf den Mond. Sie wird deshalb von den Kirchenvätern als „Mond der Kirche" oder einfach nur als „Mond" oder „Luna" bezeichnet.

Andererseits nennen noch heute französische Bauern den Mond „Notre Dame", die portugiesischen sogar „Muttergottes". Als Himmelskönigin wird die Jungfrau Maria seit dem Mittelalter in Verbindung mit dem Mond in Malerei und Plastik dargestellt. Der Bildtyp der „Mondsichelmadonna" geht auf die Beschreibung des apokalyptischen Weibes zurück, von dem es in der Offenbarung 12, 1 heißt:

„Dann erschien ein großes Zeichen im Himmel: eine Frau, mit der Sonne bekleidet; der Mond war unter ihren Füßen und ein Kranz von zwölf Sternen auf ihrem Haupt."

Eine erste Darstellung des apokalyptischen Weibes mit deutlichem Bezug auf Maria findet sich bereits im 12. Jahrhundert im „Hortus deliciarum" der Herrad von Landsberg.

Seit dem Beginn des 15. Jahrhunderts wird Maria häufig mit der Mondsichel zu ihren Füßen dargestellt, die ein weibliches

Gesicht tragen kann. Bei Albrecht Dürer (1471–1528) ruht sie mit ihrem Kind auf einer sie geradezu umfangenden großen Mond-sichel.

Im Zeichen des Halbmonds

oscheen tragen den wie eine Schale nach oben zum Himmel gerichteten Halbmond auf ihrer Kuppelspitze. Er erscheint dort wie ein absolutes Kraftzentrum, in dem das göttliche Heil aufgefangen und auf die Gläubigen weitergeleitet werden soll.

Im Islam ist der Halbmond nämlich ein Zeichen, das zugleich Öffnung und Konzentration symbolisiert und außerdem auf die Überwindung des Todes durch das Leben verweist. Der Mond gilt damit als Sinnbild der göttlichen Kraft.

Bereits der babylonische Mondgott Sin soll den leuchtenden Halbmond als vernichtende Waffe gegen Feinde und dämonische Angreifer geschleudert haben. Nach verbreiteten Mythen aus dem Vorderen Orient galt die Mondsichel dann auch bei arabischen Völkern als besonders wirksame Götterwaffe.

Der Islam begann daher im Zeichen des Halbmonds, das ihm Schutz und Beistand versprach, im 7. Jahrhundert n. Chr. seinen Siegeszug in Europa.

Der einen Stern umschließende Halbmond ist seit den Kreuzzügen im Mittelalter zum allgemeinen Symbol der islamischen Welt geworden. Wie selbstverständlich taucht er sogar in christlichen Darstellungen zur Charakterisierung Andersgläubiger auf. Als die Heiligen Drei Könige aus dem Morgenland dem neugeborenen Heiland der Welt huldigen wollen, wird von ihrem Gefolge die türkische Fahne mit Stern und Halbmond mitgeführt, ein Hinweis auf die Herkunft der vornehmen Fremden.

Der Halbmond erhielt später neben seiner religiösen auch politische Bedeutung. Beispielsweise tragen ihn heute die Flaggen Algeriens, Mauretaniens, der Türkei und Pakistans als Emblem.

MONDGLAUBE

Der Mond, sichtbares Zeichen der Wandlung am Himmel, nimmt nach dem verbreiteten Volksglauben Einfluß auf irdisches Geschehen und persönliches Geschick. Auf magische Weise scheinen sich Makrokosmos und Mikrokosmos zu entsprechen – wie im Himmel, so auf Erden –, eine Vorstellung, die bereits bei Sumerern und Babyloniern 3000 Jahre v. Chr. bestand, durch die Antike bis zum Mittelalter fortwirkte und zum Teil noch heute weiterlebt.

Die wechselnden Mondphasen spielten in ihrem wiederkehrenden Rhythmus für die Zeitrechnung der Astronomen und Kalendermacher, für Saat und Ernte, aber auch für Feste und die Kriegsführung eine entscheidende Rolle.

Man richtete seine Vorhaben nach dem Mondstand aus, um den angeblich besten Zeitpunkt nutzen zu können. Der Mensch paßte sich also an, er verhielt sich dabei zwar passiv, aber geschickt, um seinen geglaubten Vorteil wahrzunehmen.

Grundsätzlich ist der zunehmende Mond, das wachsende Licht, günstig für jeden Neubeginn, für zukünftiges Glück, Erfolg und Sieg, für Gesundheit, Ackerbau und Viehzucht. Aber auch Hausbau, Umzug, Berufsbeginn, Liebe und Heirat sollen dadurch Förderung erfahren. Der Blick zum Himmel oder später in den Kalender erwies sich als unumgänglich, ja lebensnotwendig, denn man erwartete im Sinne der Sympathie zwischen allen Dingen auch eine tiefgehende Entsprechung des Mondes und der menschlichen Vorhaben.

Noch immer zeigen unsere Kalender die wechselnden Mondphasen, die auch bevorzugt noch in ländlichen Gebieten beachtet
werden, besonders für Aussaat- und Erntetermine. Die alte Esels-
brücke ɑ für abnehmend und ƺ für zunehmend, die man in den
Himmel schreiben konnte, gab und gibt – auch ohne Kalender –
absolute Sicherheit über den jeweiligen Mondstand.

Auch dem Dichter Christian Morgenstern (1871–1914) war
diese Denkhilfe vertraut, denn er hat darüber das folgende hu-
morvolle Gedicht verfaßt:

„Als Gott den lieben Mond erschuf,
gab er ihm folgenden Beruf:
Beim Zu- sowohl als beim Abnehmen
sich deutschen Lesern zu bequemen.

Ein ɑ formierend und ein ƺ ,
daß keiner groß zu denken hätt'.
Befolgend dies ward der Trabant
ein völlig deutscher Gegenstand."

Der Mond wird in diesen Versen geradezu vereinnahmt – ein iro-
nischer Hinweis des Dichters auf die Hybris seiner Zeitgenossen
und ihren beinahe frevelhaften Besitzanspruch.

DIE MACHT DES MONDES

Der Volksglaube vom Mond als dem ersten Gemahl der Frauen
steht mit dem Menstruationszyklus in Zusammenhang und begegnet an den verschiedensten Zonen der Erde, so bei den Pa-

puas, den Eingeborenen Neuguineas, bei den Maori in Neuseeland, bei der Urbevölkerung Australiens, aber auch bei den Bewohnern der Arktis. So glauben die Eskimo, daß der Mond Nacht für Nacht zur Erde herabsteigt, um sich mit ihren Frauen zu vermählen und ihre Schwangerschaft zu bewirken. Die monatlichen Blutungen gelten dafür als Beweis. Aus Furcht vor einer ungewollten Empfängnis schauen junge Mädchen deshalb nicht in den Vollmond. Solche beängstigenden Vorstellungen von der dämonischen Macht des personifizierten Mondes, der als besitzergreifendes männliches Wesen vom Himmel herabkommen und sich eine Frau rauben kann, die seine Einsamkeit teilen soll, spiegeln sich in verschiedenen Erzählungen der Eskimo und der sibirischen Bevölkerung. Die Entführung einer Sterblichen durch den Mond, eine Ehe mit ihm und sogar ein gemeinsames Kind der beiden ungleichen Partner werden in der Nähe des Polarkreises für möglich gehalten.

Eindrucksvoll schildert ein Märchen aus Sibirien, wie ein schönes Mädchen den Nachstellungen des Mondes durch ein hilfreiches Tier, Flucht und Verwandlungszauber entkommen kann:

m Lande der Tschuktschen lebte einmal ein Mann, der hatte eine schöne Tochter. Das Mädchen sorgte für ihn aufs beste und hütete im Sommer die Herden weit weg von den Zelten. Im Winter brach sie mit dem Vieh in ganz abgelegene Gegenden auf, wo es noch Futter gab. Dann und wann aber fuhr sie mit ihrem Rentierschlitten heim, um nach ihrem Vater zu sehen und um Lebensmittel zu holen.

In einer mondhellen Nacht hob das eine Rentier den Kopf, sah zum Himmel auf und sprach: „Schau hin, da schau hin!"

Das Mädchen blickte zum Sternhimmel empor, und da sah es, wie der Mond auf einem Schlitten zur Erde niederfuhr. Den Schlitten zogen zwei Rentiere.

„Wohin will der Mond, und was hat er vor?" fragte das Mädchen.

„Dich will er rauben, dich!" antwortete das Rentier.

Da überkam das Mädchen große Angst. „Er will mich mitnehmen. Was soll ich bloß tun?"

Das Rentier scharrte mit den Hufen, machte ein Loch in den Schnee und sprach: „Hier hinein setz dich flink."

Das Mädchen schlüpfte hinein, und das Rentier deckte es schnell mit Schnee zu. Kein Mädchen war mehr zu sehen, nur ein kleines Schneehäufchen: Eine kleine Wölbung war da, die aber nicht weiter auffiel.

Der Mond betrat die Erde, hielt seine Rentiere an und stieg von seinem Schlitten. Überallhin blickte er, überall hin ging er, aber das Mädchen war nirgends zu finden.

Er kam auch zu der Schneewölbung, aber er merkte nicht, was darunter war.

„Wie ist das nur möglich?" sprach der Mond. „ich kann das Mädchen nicht finden, wohin ist es bloß verschwunden?" Und kopfschüttelnd sagte er: „Jetzt fahr' ich wieder zum Himmel hoch, aber ich komme wieder, dann finde ich es bestimmt und entführe das Mädchen in mein Mondreich." Sagte es, setzte sich in seinen Schlitten und fuhr mit seinen zwei Rentieren zum Himmel empor.

Kaum war der Mond abgefahren, da scharrte das Rentier den Schnee fort, und das Mädchen schlüpfte aus seinem Versteck. Da sprach das Mädchen zum Rentier: „Komm schnell zu meinem Vater, komm schnell zu den Zelten, sonst sieht mich der Mond und kommt wieder zur Erde gefahren. Dann kann ich mich nicht mehr verstecken!" Sie setzte sich auf den Schlitten, und das Rentier trabte, so schnell es konnte, zu den Zelten und hielt vor der Behausung des Mädchens. [...]

Doch den Vater treffen sie nicht zu Hause an. Um das Mädchen vor dem Mond zu schützen, verwandelt das Rentier sie in aller Eile in ein Öllämpchen.

Kaum war die Verwandlung geschehen, da fuhr der Mond schon wieder zur Erde, suchte das Mädchen erst überall bei ihrer Herde und kam dann in die Siedlung gestapft. Da band er seine Rentiere an und trat ins Zelt. Überall suchte er, aber vergebens. [...]
Kaum hatte er das Zelt verlassen, da guckte das Mädchen bis zum Gürtel aus der Zeltöffnung und rief lachend: „Hier bin ich, hier bin ich!" Der Mond drehte sich schnell um, rannte ins Zelt und suchte wieder jeden Winkel ab. Das Unterste kehrte er zuoberst, alles wühlte er durch, aber er fand das Mädchen nicht. Vom Suchen wurde er müde und matt, kam ganz von Kräften, magerte eindeutig ab und konnte kaum noch die Arme heben. Kaum gelang es ihm, ein Bein vor das andere zu setzen. Da verlor das Mädchen die Furcht vor ihm, da er nun schwach war, nahm ihre wahre Gestalt wieder an, lief aus dem Zelt, sprang dem Mond auf den Rücken und fesselte ihm Arme und Beine. [...]
Da flehte der Mond das Mädchen an: „Laß mich frei – ich werde deinem Volk dienen, zu Lust und Freude, und werde euch ewig dankbar sein. Laß mich frei – und ich mache die Nacht zum Tag. Laß mich frei – und ich messe deinem Volk das Jahr." [...]
„Und wenn ich dich freilasse und du wieder kräftig bist und deine Arme und Beine wieder stark sind, wirst du mich dann wieder rauben wollen?"

„Nein, nein, nie mehr! Für mich bist du zu gescheit, zu klug. Ich werde droben am Himmel bleiben auf meiner Bahn. Laß mich frei, ich will euch allen leuchten."
Daraufhin ließ das Mädchen den Mond frei.
Seit dieser Zeit schickt der Mond sein helles Licht auf die Erde.

Der bis heute trotz aller Aufklärung verbreitete Mondglaube beruht auf antiker Überlieferung, Erfahrungswissen und Aberglauben. Bereits Sebastian Brant hat in seinem „Narrenschiff" von 1494 die Beachtung der Gestirne, um die Gunst der Stunde nutzen zu können, als töricht verurteilt. Die Kirche sah darin sogar eine große Versündigung, konnte jedoch den Mondglauben, der immer wieder neue Nahrung aus mündlichen und schriftlichen Überlieferungen erhielt, nie ganz besiegen.

Eine wichtige antike Quelle ist die „Naturalis historia" des römischen Schriftstellers Plinius d. Ä. (23/24 n. Chr.–79 n. Chr.) geworden, die den Sympathieglauben, vom Mond verursachte Krankheiten und die apotropäische Wirkung der Mondamulette beschrieb. Die Klöster, in denen antike Werke aufbewahrt und übersetzt wurden, vermittelten später antike landwirtschaftliche und medizinische Regeln. Diese wurden seit dem 16. Jahrhundert durch „Mond-Almanache" verbreitet, die Anweisungen für Pflanz- und Erntetermine nach dem Mondstand, für die Tierhaltung, den Holzeinschlag, aber auch zur Erhaltung von Glück, Gesundheit und Wohlstand der Familien enthielten. Heutige Kalendermacher greifen noch immer darauf zurück.

Nach dem Volksglauben gilt der Mond als Verursacher verschiedener Krankheiten, die das volle Licht auszulösen oder zu verstärken vermag. Dazu gehören Epilepsie, Mondsüchtigkeit und Geistesgestörtheit, auch gesundheitliche Gefahren für Mütter und Kleinkinder. Im Neuen Testament wird die „Heilung des Mondsüchtigen" (Mt 17, 14–18) durch Jesus geschildert, der dazu einen Exorzismus des Teufels vornimmt. Nach religiösen Vorstellungen verursachten nämlich Dämonen die Krankheiten, da sie bei Vollmond besondere Macht besitzen sollten.

Eine gewisse Reizbarkeit des Nervensystems ist bei Vollmond bis heute zu beobachten. Kranke schlafen schlechter, haben größere Schmerzen. Aggressivität, Selbstmordversuche und Verbrechen sollen zunehmen. Auch von häufigeren Geburten in den Tagen vor und nach Vollmond wird berichtet, dagegen von vermehrten Fehlgeburten bei Dunkelmond. Doch direkte Beweise fehlen noch, da die Statistiken erst am Anfang stehen.

In bewußtem Gegensatz zur üblichen romantischen Schwärmerei für den Mond, der vorwiegend in Abend- und Liebesliedern gepriesen und besungen wird, weist Nikolaus Lenau (1802–1850) in seinem Gedicht auf die angeblich gefährlichen und dämonischen Einflüsse des Mondes hin. Er zeigt sich bestens informiert über allen Mondaberglauben. Viele, noch heute bekannte Befürchtungen und Schutzmaßnahmen lassen sich darin wiedererkennen und wirken durch ihre Häufung ironisch und übertrieben, fast grotesk.

HYPOCHONDERS MONDLIED

Singt ihr in eurem Freudenliede:
Der heitre Mond am Himmel lacht,
Und ihm entstrahlt ein süßer Friede –
So habt ihr nie den Mond bedacht.

Seht ihr ihn dort herüberschweben,
Bleich, ohne Wasser, ohne Luft;
Er zieht mit ausgestorbnem Leben,
Ein Totengräber samt der Gruft. […]

Den Schläfern um den Leib zu schlingen
Sucht er sein feines Silbernetz,
Und sie zu sich hinaufzuschwingen;
Doch seine Fäden reißen stets. […]

Als Knabe schon konnt' ich nicht schauen
Zum stillen blassen Mond empor,
Daß nicht ein wunderliches Grauen
Mir heimlich das Gebein durchfror.

Nirgends, auf Wald und Feld und Straßen,
Frohlockt so hell des Mondes Licht,
Wie auf dem Kirchhof, wo verlassen
Ein Armes Herz vor Leide bricht.

Ja, Gräber sind für ihn die Stelle,
Und an Ruinen Dorngesträuch;
Doch vor des Mondes schlimmer Helle
Bewahrt das Brautbett, rat' ich euch.

Laßt ihr den Mond ins Brautbett scheinen,
Ist euer künftig Kind bedroht,
Denn viele Stunden wird es weinen,
Und wünschen wird es sich den Tod.

Wenn Schiffer nachts das Meer befahren,
Umhüllen sie das Haupt genau,
Denn spielt der Mond mit ihren Haaren,
So färbt er sie frühzeitig grau. [...]

Und eine Tann', im Wald geschlagen,
Wenn hell der Mond am Himmel blinkt,
Als Mastbaum in das Meer getragen,
Zerbricht der Sturm – das Schiff versinkt. [...]

Weil mich der Mond, ins Zimmer glotzend,
Nicht schlafen ließ in dieser Nacht,
Hab' ich Poet, hinwieder trotzend,
Dies Lied zum Schimpf auf ihn gemacht.

Noch wüßt' ich viel von ihm zu melden,
Doch seh' ich dort im Untergang
Hinunterducken meinen Helden,
Bevor ich noch das Schlimmste fang.

DEM MOND EIN KLEID MACHEN WOLLEN

Die sprichwörtliche Redensart „Dem Mond ein Kleid machen wollen" bedeutet: etwas Unmögliches vorhaben, etwas versuchen, das niemals gelingen wird. Sie spielt auf die verschiedenen Mondphasen und die ständige Veränderung der Gestalt des Mondes an und weist in übertragener Bedeutung auf die Unbeständigkeit und Unberechenbarkeit mancher Menschen hin, die immer Neues wünschen.

Diese sprachliche Wendung und auch das Sprichwort „Dem Mond kann man kein Kleid machen" stehen mit verschiedenen Volkserzählungen in Zusammenhang.

Bereits der griechische Historiker und philosophische Schriftsteller Plutarch (um 46 n. Chr.–nach 120 n. Chr.) erwähnt ein Märlein vom Monde:

Die Mondgöttin Selene bat einst ihre Mutter, ihr doch ein passendes Röckchen zu weben. Doch diese erwiderte, daß ihr dies nicht gelingen könne, sehe sie doch ihre Tochter bald voll, bald abnehmend und bald zunehmend.

Ein ähnliches Motiv begegnet noch im vorigen Jahrhundert in einer oberpfälzischen Sage. Der personifizierte Mond wandelt auf Erden, und ein Schneider versucht vergeblich, dem Frierenden einen passenden Pelzrock zu fertigen:

 inmal reiste der Mond mit einem Schneider. Es war gerade Winter und sehr kalt. Der Mond sagte öfters zu dem Schneider: „Mich friert so stark, daß es mir möcht das Herz herausschütteln." Da lachte der Schneider und sagte: „Von der Kälte spüre ich nichts. Ich habe einen tüchtigen Pelzrock an. Laß dir auch einen machen." Der Mond sprach: „Das wäre schon längst mein Wunsch gewesen." Der Schneider nahm sogleich Maß und ging und kaufte Pelz zu dem Rock. Der Schneider sagte zu sich: „Ich will ihn schon schön machen, weil er mir eine gute Belohnung versprochen hat." Nach einigen Tagen kam der Schneider mit dem Rock, daß ihn der Mond anprobiert. Der Rock war fast zu klein. Da sagte der Mond: „Du mußt ihn größer machen, sonst kann ich ihn nicht brauchen." Der Schneider ging fort und kam in acht

Tagen wieder. Der Mond aber konnte den Rock gar nicht anziehen. Der Schneider wurde fast zornig und sagte: „Einen solchen Menschen habe ich noch nicht gesehen, der so rasch dick wird wie du." Der Schneider packte seinen Rock zusammen und ging wieder nach Haus. Er machte den Rock wieder größer. Nach acht Tagen ging der Schneider wieder zum Mond und schrie von weitem: „Da hast jetzt deinen Rock. Er wird gewiß recht sein." Der Mond zog den Rock an. Aber er war viel zu groß. Da wurde der Schneider zornig, nahm den Rock und warf ihn dem Mond vor die Füße und sagte: „Du kannst dir einen Schneider vom Himmel bringen lassen" und ließ sich nicht mehr sehen.

DER MOND ALS ORT DER VERBANNUNG

Die Flecken auf dem Mond haben schon immer die Phantasie beschäftigt, und es wurde nach ihren Gründen gefragt.

Vertieft man sich in dieses Gewirr von Kratern, erscheinen einem bald diese, bald jene Gestalten in ihren Formen, die durch Überlieferung an jüngere Generationen weiterleben. Je nach kulturellem Hintergrund variieren die Gestalten. So wird beispielsweise in China und Amerika in diesen Flecken eine Kröte gesehen, in Indien, Ostasien und Teilen Amerikas aber auch ein Kaninchen, in Skandinavien ein Mann und Kinder mit ihrem Wassereimer, bei uns jedoch meistens ein Mann mit einem Rutenbündel oder auch eine Frau als Spinnerin.

Die Spinnerin wird deshalb im Mond erblickt, weil sie in seinem Licht bis nach Mitternacht gesponnen hat, am Sonntag arbeitete oder wegen ihrer Faulheit von ihrer Mutter dorthin verflucht wurde, wie eine Sage aus der Oberpfalz erzählt.

Vom Mann im Mond und seinem Sonntagsfrevel wird noch immer warnend berichtet, während gleichzeitig auf die Flecken im Mond zur Bestätigung gewiesen werden. Diese Vorstellung reicht weit ins Mittelalter zurück. In einer Sage aus dem Schwarzwald wird noch immer davon erzählt:

DER MANN IM MOND

m vorderen Schwarzwalde, in der Umgegend von Calw und Liebenzell erzählen sich die Leute, daß die dunklen Flecken, welche man im Vollmond sieht, von einem Manne herrühren, der in den Mond verwünscht worden ist. Dieser Mann stahl am Sonntage, wo er meinte, daß die Jäger und Forstleute nicht im Walde sein würden, ein Büschele Besenreiser und trug es auf dem Rücken heim. Da begegnete ihm aber im Walde ein Mann, und das war der liebe Gott; der stellte ihn zur Rede, daß er den Sonntag nicht heilig halte, und sagte zugleich, daß er ihn dafür bestrafen müsse, fügte jedoch hinzu, daß er die Strafe sich selbst auswählen dürfe: Ob er entweder in den Mond oder lieber in die Sonne verwünscht sein wolle. – Darauf versetzte der Dieb: „Wenn es denn sein muß, so will ich lieber im Monde erfrieren, als in der Sonne verbrennen", und so ist er mit seinem Bündel Besenreiser auf dem Rücken in den Mond gekommen, was man noch deutlich erkennt, wenn man genau hinsieht. Man nennt diesen Mann gewöhnlich das „Besenmännle".

Das helle Licht des Vollmondes war bei den früher mangelnden, unzureichenden oder zu kostspieligen Beleuchtungsmöglichkeiten hoch willkommen, denn es konnte gelegentlich für Arbeiten im Haus und auf dem Feld genutzt werden, die bis in die Nacht andauerten. Mitternacht war dabei eine magische Grenze, die keineswegs überschritten werden durfte. Wer das Arbeitstabu verletzte, wurde nach dem Volksglauben von dämonischen Wesen wie der Spinnstubenfrau oder dem Mond selbst gerügt, erschreckt oder hart bestraft: Unglück, Tod oder Entrückung waren die Folgen. Die Macht des Mondes war so stark, daß er die Frevler zu sich emporzuziehen vermochte. Er wurde zum Ort ihrer Verbannung, wo sie ihr Tun bis in alle Ewigkeit fortsetzen müssen. In den Mondflecken sind sie zur Mahnung noch immer sichtbar.

Was beim Kornschneiden in einer Mondnacht so alles passieren kann, erzählt eine Sage aus Tirol:

DAS MISSACHTETE ARBEITSTABU

er alte Zehner-Bauer zu Afing hatte einst Kornschnitter und diese wurden an einem Tage mit ihrer Arbeit nicht fertig. Es war eine schöne helle Mondnacht, und da sagte er zu seinen Arbeitern: „Weil der Mond so hell scheint, schneiden wir das noch stehende Korn ab und dann ist die ganze Arbeit abgetan." – Die Leute ließen sich den Vorschlag gefallen und schnitten bis in die späte Nacht hinein. Als es aber auf zwölf Uhr ging, hörten sie plötzlich eine Stimme rufen:

„Der Tag ist dein,
die Nacht ist mein,
schere dich nach Hause bald,
sonst verfällst du einer üblen Gewalt."

Der Bauer und die Arbeiter erschraken über diese Worte nicht wenig und zogen sich gleich nach Hause zurück.

Auch soll der Bauer danach immer nur bei Tage seine Arbeiter bestellt haben.

DER BEGRABENE MOND

In dem in der europäischen Volksüberlieferung ungewöhnlichen englischen Märchen „Der begrabene Mond" finden sich noch Reste alter mythologischer Vorstellungen und magischer Praktiken. Es stammt aus den Sumpfgebieten von Lincolnshire, wo es noch heute Hinweise auf eine früher dort vorhandene Sonnen- und Mondverehrung gibt.

roßmutter pflegte davon zu erzählen, wie lange vor ihrer Zeit Frau Mond selbst einmal tot war und in den Sümpfen begraben. [...]

Zu jener Zeit schien Frau Mond und schien, gerade wie sie es heute tut, und wenn sie schien, erhellte sie die Moortümpel, so daß einer umhergehen konnte gradeso sicher wie am Tage.

Aber wenn Frau Mond nicht schien, dann kamen all die Wesen hervor, die in der Dunkelheit wohnen, und sie trieben sich umher, um zu suchen, wo sie Böses tun können und Leid zufügen. Sumpfgeister und kriechende Scheusale, alle kamen heraus, wenn Frau Mond nicht schien.

Nun, Frau Mond hörte davon, und da sie freundlich und gut ist – und gewiß ist sie das, wenn sie doch für uns in der Nacht scheint, anstatt ihre natürliche Rast zu halten –, war sie mächtig besorgt. „Ich will selbst nachsehen, ja, das will ich", sagte sie, „vielleicht ist es nicht so schlimm, wie es die Leute machen."

Und wirklich, am Ende des Monats schritt sie herunter, einge-hüllt in einen schwarzen Mantel und mit einer schwarzen Kapuze über ihrem gelben schimmernden Haar. Geradenwegs ging sie zum Rand des Sumpfes und sah sich um. Hier Wasser und da Wasser; wehende Büschel und zitternde Schlammbuckel und große schwarze Baumstümpfe, die sich wanden und krümmten. Vor ihr war alles dunkel – dunkel, bis auf das Glitzern der Sterne in den Tümpeln und das Licht, das von ihren eigenen weißen Füßen ausging, die sich unter dem schwarzen Mantel hervorstahlen.

Frau Mond zog ihren Mantel fester zusammen und zitterte, aber sie wollte nicht zurückgehen, ohne alles gesehen zu haben, was da zu sehen war. […] Gerade als sie sich einem großen schwarzen Tümpel näherte, glitt ihr Fuß aus, und sie taumelte beinahe hinein. Mit beiden Händen griff sie nach einem Baumstumpf in der Nähe, um sich so festzuhalten, aber als sie ihn berührte, wand er sich wie ein Paar Handschellen um ihre Handgelenke, und er packte sie so, daß sie sich nicht bewegen konnte. Sie zog und wand sich und rang mit ihm, aber es half nichts. Sie war gefesselt, und sie mußte es bleiben.

Als sie so zitternd in der Dunkelheit stand und sich fragte, ob jemand zu Hilfe kommen werde, hörte sie plötzlich etwas in der Ferne rufen. […] Es war ein Mann, der sich in den Sümpfen verlaufen hatte. Verwirrt von Furcht kämpfte er sich vorwärts auf dieses flimmernde Licht zu, das nach Hilfe und Sicherheit aussah. Aber als die arme Frau Mond sah, daß er immer näher und näher zu dem tiefen Wasserloch kam und immer weiter weg vom Pfad, da wurde sie so böse und so zornig, daß sie sich abmühte und

rang und zerrte, fester als je zuvor. Und obgleich sie nicht los-
kommen konnte, wand und drehte sie sich, bis ihre schwarze Kapuze herunterfiel von ihrem schimmernden gelben Haar, und das
schöne Licht, das davon ausging, trieb die Dunkelheit hinweg.

Oh, und wie der Mann vor Freude aufschrie, als er das Licht
wieder sah. Und sofort flohen alle bösen Wesen zurück in die fin-
steren Winkel, denn sie können das Licht nicht ertragen. So
konnte er sehen, wo er war und wo der Pfad war und wie er aus
den Sümpfen herauskommen konnte. […]

Und Frau Mond selbst war so eifrig darauf aus, ihn zu retten,
und so voller Freude, daß er wieder auf dem richtigen Pfad war;

sie vergaß ganz, daß sie selbst doch Hilfe brauchte und daß sie festgehalten wurde von dem schwarzen Baumstumpf.

So war er weg. [...] Da überkam es Frau Mond, daß sie mächtig gern mit ihm gehen würde. Und so zerrte sie und rang wie wahnsinnig, bis sie erschöpft von der Mühe am Fuß des Stumpfes auf ihre Knie niederfiel. Und als sie da lag und um Atem rang, fiel ihr die schwarze Kapuze nach vorn über den Kopf. Da ging das gesegnete Licht aus, und die Dunkelheit kam zurück und mit ihr all ihre bösen Wesen, und sie kamen mit schrillem Geschrei. Sie drängten sich um sie her, höhnten und schnappten und schlugen. Sie kreischten vor Wut und Bosheit und fluchten und knurrten, denn sie kannten sie als ihren alten Feind, der sie in die Winkel zurücktrieb und davon abhielt, ihre üblen Werke zu tun.

„Fürchte dich!" gellte es von den Hexenwichten, „Wieder hast du uns in diesem Jahr unsere Hexereien verdorben!"

„Und uns hast du in den Winkeln brüten lassen!" heulten die Sumpfgeister.

Und alle Wesen stimmten ein mit lautem „Ho ho!", so daß selbst die Grasbüschel erzitterten und die Wasser gurgelten. [...] Und sie stritten und zankten sich darüber, was sie mit ihr tun sollten, bis ein fahles grünes Licht am Himmel aufstieg, und es nahte die Dämmerung. Und als sie das sahen, bekamen sie Angst, sie hätten nicht mehr genug Zeit, ihre böse Absicht auszuführen, und sie ergriffen sie mit gräßlichen knochigen Fingern und legten sie tief ins Wasser am Fuß des Baumstumpfes. Und die Sumpfgeister holten einen sonderbaren großen Stein und wälzten ihn über sie, um sie am Aufstehen zu hindern. Und sie befahlen zwei Irrlichtern, sie sollten abwechselnd Wache halten auf dem schwarzen Stumpf und darauf achten, daß sie sicher und still liegenbleibe und nicht hervorkommen könne, um ihr Treiben zu stören.

Und da lag die arme Frau Mond tot und begraben im Sumpf, bis irgend jemand sie befreien würde; und wer wüßte schon, wo man nach ihr suchen müßte.

Nun, die Tage vergingen, und es kam die Zeit des Neumondes, und die Leute steckten Pfennige in ihre Taschen und Strohhalme auf die Mützen, damit sie dafür bereit sind, und sie schauten nach Frau Mond aus, denn sie war den Leuten in den Marschen ein guter Freund. [...]

Aber es verging Tag um Tag, und kein Neumond kam. Und die Nächte blieben dunkel, und die bösen Wesen waren schlimmer denn je. Und es vergingen immer mehr Tage, und Frau Mond erschien nicht. Natürlich waren die armen Leute voll seltsamer Furcht und verwirrt, und viele von ihnen gingen zur Weisen Frau, die in der alten Mühle wohnte, und fragten, ob sie nicht herausbringen könnte, wohin Frau Mond verschwunden war.

„Nun", sagte sie, nachdem sie in den Brautopf geschaut hatte und in den Spiegel und in das Buch, „es ist ganz verrückt, aber was ihr zugestoßen ist, kann ich nicht richtig sagen. Wenn ihr irgend etwas erfahrt, kommt und sagt es mir." [...]

Erst als sich der Gerettete erinnert, wo ihm in den Sümpfen das hilfreiche Licht erschienen ist, kann die Weise Frau den Leuten folgendes raten:

„Geht alle, gerade ehe die Nacht anbricht, nehmt einen Stein in den Mund und eine Haselrute in die Hand und sprecht kein Wort, bis ihr wieder sicher zu Hause seid. Dann geht los und fürchtet euch nicht, geht weit bis in die Mitte des Sumpflandes, bis ihr einen Sarg findet, eine Kerze und ein Kreuz. Dann seid ihr nicht weit von euerm Mond. Seht zu, vielleicht findet ihr sie."

So kam die nächste Nacht in der dunklen Zeit, und sie gingen alle zusammen hinaus, jeder mit einem Stein im Mund und einer Haselrute in der Hand, und wie man sich denken kann, war ihnen sehr bang und gruselig zumute. [...]

Sie schauten immer aus nach dem Sarg, der Kerze und dem Kreuz, und dabei kamen sie immer näher an den Tümpel neben dem großen Baumstumpf, wo Frau Mond begraben lag. Und dann auf einmal hielten sie an, sie bebten und waren verstört und voll Grauen, denn da war ein großer Stein, halb im Wasser drin, halb draußen, und – um alles in der Welt – er sah aus wie ein seltsamer hoher Sarg! Und zu seinen Häupten war der schwarze Stumpf, der breitete seine Arme aus wie ein finsteres grausiges Kreuz, und darauf flackerte ein dünnes Licht wie eine verlöschende Kerze. Und sie knieten alle nieder in den Schlamm und sagten das Vaterunser, zuerst vorwärts wegen des Kreuzes und dann rückwärts, um die Geister abzuhalten; aber sie sagten es, ohne es auszusprechen, denn sie wußten, die bösen Wesen würden sie fassen, wenn sie nicht das machten, was ihnen die Weise Frau gesagt hatte.

Dann kamen sie näher und packten den großen Stein und schoben ihn weg, und wie sie dann später erzählten, sahen sie da einen winzigen Augenblick lang ein seltsames und schönes Gesicht, das schaute sie aus dem schwarzen Wasser heraus so in einer Art Freude an. Aber das Licht kam so rasch und so weiß und strahlend, daß sie verwirrt davon zurücktraten, und schon im nächsten Augenblick, als sie wieder richtig sehen konnten, stand der volle Mond am Himmel, strahlend und schön und freundlich wie immer, und er schien lächelnd herunter auf sie und machte die Sümpfe und Pfade taghell und drang selbst in die Winkel, als ob er die Dunkelheit und die Sumpfgeister, wenn er könnte, ganz und gar vertreiben wollte.

MOND UND MAGIE

Wegen seiner ständigen Veränderung an Gestalt, Größe, Farbe und Helligkeit erweist sich der Mond im magischen Weltbild als etwas Lebendiges, das sich und anderes verwandeln kann. Er begünstigt daher auch jeden Zauber und wird deshalb von Hexen und Magiern angerufen und beschworen. Der Sympathieglaube spielt dabei eine große Rolle, also die Vorstellung, daß alle Dinge miteinander in Verbindung stehen und sich gegenseitig beeinflussen können. Mikrokosmos und Makrokosmos bilden eine Einheit. Daraus folgt, daß himmlisches Geschehen auf irdisches Einfluß nehmen kann.

Zaubersprüche, die unter besonderen Vorkehrungen gesprochen werden, versuchen den Mond zu zwingen, seine magischen Kräfte zur Verfügung zu stellen.

Positiven Zauber wie Vermehrung des Geldes und Wohlstands, Stärkung der Gesundheit, Förderung von Liebe und Glück bewirkt der Mond vor allem in seiner zunehmenden Phase oder auch im vollen Licht, gefährlichen Schadenzauber, Unglück, Krankheit und Tod, die angehext werden können, in seiner abnehmenden Gestalt. Die schwarze Magie ist im Dunkelmond, in den drei Tagen seiner Unsichtbarkeit, am erfolgreichsten.

Die Wahl der richtigen Zeit des Mondstandes ist für jedes magische Handeln von entscheidender Bedeutung. Beobachtung, Kenntnisse der Zauberliteratur, Geduld und Verschwiegenheit sind wichtige Voraussetzungen, um die Hilfe des Mondes für sich zu gewinnen.

BEGRÜSSUNG DES MONDES

ls wichtigster Himmelskörper für die Magie und alle Zauberhandlungen muß der Mond ehrerbietig begrüßt und angerufen werden.

Das berühmteste Beispiel dafür ist ein Stück Weltliteratur geworden. Es stammt aus Goethes „Faust" und eröffnet geradezu das ganze Geschehen.

Als Faust den folgenschweren Entschluß faßt, sich der Magie zu ergeben, um in bisher Unbekanntes und Unerforschtes eindringen zu können, kommt ihm ein besonders starker und zauberkräftiger Frühlingsvollmond in der Osternacht zu Hilfe. Faust begrüßt ihn wie einen Freund („Faust", Erster Teil, Nacht):

O sähst du, voller Mondenschein,
Zum letzten Mal auf meine Pein,
Den ich so manche Mitternacht
An diesem Pult herangewacht:
Dann über Büchern und Papier,
Trübselger Freund, erschienst du mir!
Ach! könnt ich doch auf Bergeshöhn
In deinem lieben Lichte gehn,
Um Bergeshöhle mit Geistern schweben,
Auf Wiesen in deinem Dämmer weben,
Von allem Wissensqualm entladen
In deinem Tau gesund mich baden!

VERMEHRUNG VON SCHÄTZEN

er Zauber, um Schätze zu finden oder um vorhandenes Geld und Gut, Silber und Gold zu vermehren, ist bei vollem Licht, vor allem aber bei Neumond und zunehmendem Mond wirksam. So wie der Mond anwächst, so sollen sich auch die Schätze häufen. Der Dichter Hans Vintler will mit dem Hinweis auf diesen Volksglauben und die magische Praktik in seinem Buch „Die Blumen der Tugend" von 1411 deren Verwerflichkeit zeigen. Er stellt sie als Laster den Tugenden gegenüber, gibt aber gleichzeitig einen wichtigen Beleg für diese Art von Zauberei im Mittelalter.

Ein Bild von großer Eindringlichkeit illustriert seinen Text:

Ein Mann trägt in naivem Hoffen seine Schätze aus dem Haus, um sie vom Mond bescheinen zu lassen. Die übergroße, also mächtige Mondsichel trägt ein Gesicht und wendet sich dem Geschehen zu. Der Mann blickt hoffend zu ihr auf, das Wunder erwartend.

Die zugehörigen Verse lauten:

„Des nachtes durch verschlossen tür
Und ettlich lütt tragen herfür
Silber und gold als ich hör yechen (jagen)
Wenn sy newen mon sechen (sehen)
Es tragent ettlich lutt auß
Als Wasser alles auß dem huß."

DER MOND UND DIE LIEBE

Wunder, Liebe und Glück werden vom Mond begünstigt und voller Vertrauen von ihm erfleht. Die Wünsche richten sich dabei vor allem an den Vollmond, der als Freund der Liebenden gilt, oder auch an eine Mondgöttin.

Das Licht des Mondes verzaubert, weckt Gefühle und fördert die Zuwendung, die Zärtlichkeit und Leidenschaft.

Der Mond als geheimer Beobachter des nächtlichen Beisammenseins wird von dem jungen Paar um Schutz gebeten gegen alle Widerstände und um Segen für die Dauerhaftigkeit ihrer Verbindung – im Hinblick auf den Mond wohl eine trügerische Hoffnung, dem Symbol der Wandelbarkeit des Glücks.

Da der Mond in der Volksüberlieferung als unglücklich Liebender gilt, der einsam und verlassen am Himmel seine vorgeschriebene Bahn ziehen muß, wird von ihm besonderes Verständnis für die Sehnsüchte heiratsfähiger Mädchen und für den Kummer treulos Verlassener erwartet.

Der Mond kennt das Schicksal, er schenkt prophetische Träume, die sich einstellen, wenn man folgenden Rat befolgt:

„Wenn man den Neumond zum ersten Mal sieht, soll man ihm drei Kußhände zuwerfen und sagen: ‚Lieber Mond, sage mir, wen ich werde haben zum Manne hier‘, und der, von dem man in der darauffolgenden Nacht träumt, ist der Zukünftige.“

Wahrscheinlich ist der folgende Spruch der Rest eines Liebeszaubers. Er wurde als Scherzvers in Pfänderspielen des 19. Jahrhunderts oft gebraucht und ist bis heute geläufig:

„Lieber Mond, ich bete dich an.
Du hast keine Frau und ich keinen Mann.
Wenn du auch so denkst wie ich,
So komm herab und küsse mich.“

Beim Wahrsagen wird der Mond noch immer benutzt, auch seine Spiegelung auf einer ruhigen dunklen Wasserfläche kann bei intensiver Betrachtung das Bild des Zukünftigen zeigen.

Bereits in der Antike war der Liebeszauber bekannt, von dem Theokrit um 300 v. Chr. berichtet. Mit Hilfe Selenes sollte ein Liebhaber zurückgewonnen werden, dessen Wachsbild geschmolzen wird, um die Flammen seiner Leidenschaft neu zu entfachen.

Doch auch in Deutschland ist versucht worden, den Mond zu einem Untreuen zu schicken, um ihn zur Rückkehr zu zwingen. Aus der Oberpfalz stammt der folgende Spruch, der sich an den Abendstern und den zunehmenden Mond richtet:

„Grüß dich Gott, mein lieber Abendstern;
Ich seh dich heut und allzeit gern.
Scheint der Mond übers Eck,
Meinem Herzliebsten aufs Bett;
Laß ihm nicht Rast,
Laß ihm nicht Ruh,
Daß er zu mir kommen mu.“

Vom Mond als dem Freund der Kinder, der sie im Schlaf beschenkt und ihr Schicksal günstig beeinflussen kann, handelt ein Gedicht von Matthias Claudius (1740–1815), in dem noch Nachklänge einer volkstümlich-magischen Beschwörung spürbar sind.

Die Anrufung des Mondes und das Flehen um künftiges Glück für das Neugeborene geschieht aus dem frommen Glauben der liebevollen jungen Mutter an die Erfüllung ihrer Wünsche.

Ein Wiegenlied, bei Mondschein zu singen

So schlafe nun, du Kleine!
Was weinest du?
Sanft ist im Mondenscheine
Und süß die Ruh'.

Auch kommt der Schlaf
Und sonder Müh'; [geschwinder
Der Mond freut sich der Kinder
Und liebet sie.

Er liebt zwar auch die Knaben,
Doch Mädchen mehr,
Gießt freundlich schöne Gaben
Von oben her

Auf sie aus, wenn sie saugen,
Recht wunderbar;
Schenkt ihnen blaue Augen
Und blondes Haar.

Alt ist er wie ein Rabe,
Sieht manches Land;
Mein Vater hat als Knabe
Ihn schon gekannt.

Und bald nach ihren Wochen
Hat Mutter 'mal
Mit ihm von mir gesprochen:
Sie saß im Tal

In einer Abendstunde,
Den Busen bloß,
Ich lag mit offnem Munde
In ihrem Schoß.

Sie sah mich an, für Freude
Ein Tränchen lief,
Der Mond beschien uns beide,
Ich lag und schlief;

Da sprach sie: „Mond, o! scheine,
Ich hab' sie lieb,
Schein' Glück für meine Kleine!"
Ihr Auge blieb

Noch lang am Monde kleben
und flehte mehr.
Der Mond fing an zu beben,
Als hörte er.

Und denkt nun immer wieder
An diesen Blick
Und scheint von hoch hernieder
Mir lauter Glück.

Er schien mir unterm Kranze
Ins Brautgesicht
Und bei dem Ehrentanze;
Du warst noch nicht.

MOND UND VOLKSMEDIZIN

Krankheiten befallen nach dem Volksglauben Mensch und Tier am leichtesten im leeren Licht, also bei Dunkelmond, der Zeit der Dämonen. Sie wachsen mit der Mondsichel an, erreichen ihren Höhepunkt mit Fieber und Schmerzen bei Vollmond und müssen daher bei abnehmendem Mond bekämpft werden.

Nach dem Analogiedenken sollen sie wie das Licht am Himmel schwinden, das gilt vor allem für die beobachteten Symptome wie Fieber und Schmerzen.

Ein mündlich überliefertes Rezept empfiehlt:

„Bei Fieber nehme man die Hand- oder Fußnägel eines Kranken und lege sie bei abnehmendem Mond einem lebenden Krebs unter den Brustpanzer."

Nach dem Prinzip „pars pro toto", ein Teil steht für das Ganze, genügen die abgeschnittenen Nägel des Kranken für die Zauberhandlung, die eine doppelt hilfreiche Wirkung erzielen soll: So wie der Mond abnimmt und der Krebs rückwärts läuft, so soll das Fieber schwinden. Über Jahrhunderte befolgte man die Anweisungen der „Rockenphilosophie", einer Sammlung von Volksglaubenssätzen, um Schmerzen verschiedener Art zu vertreiben:

„Wem die Zähne, Ohren, Kopf und dergleichen wehtun, der stehe zur Zeit des abnehmenden Mondes gegen den Mond und sage:

Gleichwie der Mond abnimmt
Also nehmen meine Schmerzen ab."

Wohl mit am quälendsten wurde früher das Zahnweh empfunden, denn dagegen sind zahlreiche Zaubersprüche überliefert, die sich direkt an den Mond um Hilfe wenden. Beispielsweise lautet ein Spruch aus Ruppin:

„Ich schaue dich, du helles Licht,
Dreierlei Fleisch eß ich nicht:
Von Katz, von Ratz, von Hund;
Ach Gott, nimm mir die Schmerzen aus dem Mund."

Die in dem Vers genannten Tiere sind Mondtiere, deren Unantastbarkeit für den menschlichen Genuß den Mond günstig stimmen könnte.

Die Schmerzen können auf den Mond, der viel kräftiger als der geplagte Mensch ist, einfach übertragen werden. In Lettland heißt es dazu:

„Guter Mond, ich klage Dir,
Zahnschmerzen quälen mich!
Ich bitte dich,
Nimm diese von N. zu dir."

Die Zacken der Mondsichel werden mit der Spitze des Zahns verglichen, wie in den folgenden Versen aus Klosterheide:

„Ich grüße dich, du lieber Mond
Mit deinen beiden Zacken,
Daß ich hab solchen schlimmen Zahn,
Damit bleib du behacken!"

Als Zauberhandlung, die mit einem christlichen Segen verbunden ist und gegen vielerlei Krankheiten helfen soll, schöpft man bei Vollmond das auf eine Wand auffallende Licht dreimal mit der hohlen Hand auf den leidenden Körperteil, wobei die Formel: „Im Namen des Vaters, des Sohnes und des Heiligen Geistes" zu sprechen ist.

Beim Heilen wird auch die Wirkung des polaren Gegensatzes beachtet. Warzen beschwört man allerorts so, daß man in den Schein des zunehmenden Mondes tritt, ihn ansieht und dazu spricht: „Was ich ansehe, wächst." Dann berührt man die Warze mit den Worten: „Was ich anrühre, nimmt ab." Ähnlich werden auch Kröpfe und Überbeine behandelt.

TEUFLISCHE REZEPTE

oethe, der sich auch in der pseudowissenschaftlichen Literatur, dem Volksglauben und der Magie bestens auskannte, machte davon in seinem „Faust" mehrfach Gebrauch. In „Faust" II, 1. Akt, Szene „Hell erleuchtete Säle" wird der Teufel zum Ratgeber in Liebesqualen und heilt einen schmerzenden Fuß durch seinen Fußtritt nach dem Prinzip: Gleiches heilt Gleiches.

Die magische Wirkung des Mondes scheint notwendig bei seinem angeblich hilfreichen Rezept gegen Sommersprossen wie bei so vielen volksmedizinischen Praktiken auch, die jedoch vom Teufel in übertreibend ironisierender Weise noch überboten werden.

Eine Blondine wendet sich mit ihrem Problem an Mephistopheles:

„Ein Wort, mein Herr! Ihr seht ein klar Gesicht,
Jedoch so ists im leidigen Sommer nicht!
Da sprossen hundert bräunlichrote Flecken,
Die zum Verdruß die weiße Haut bedecken.
Ein Mittel!"

Mephistopheles gibt ihr folgende Anweisung:

„Nehmt Froschlaich, Krötenzungen, kohobiert,
Im vollsten Mondlicht sorglich distilliert
Und, wenn er abnimmt, reinlich aufgestrichen:
Der Frühling kommt, die Tupfen sind entwichen."

Das Suchen und Bereiten der Zaubermittel muß also bei Vollmond geschehen, der dann stärkste magische Kräfte schenken
kann, die Anwendung jedoch in der Phase des abnehmenden
Mondes, wenn das Übel in Analogie zum Mond schwinden soll.
    Der Teufel als Herr und Meister über Hexen und Zauberer ist
also genauestens über deren Handlungsweisen informiert.

MONDSPUK

Nacht und Mond erwecken im Menschen das Gefühl für das Außergewöhnliche, Überirdische, Geheimnisvolle, Spuk- und Zauberhafte. Besonders das bleiche Licht des Vollmonds, das die dunkle Erde erhellt, kann gespenstisch und geisterhaft wirken, denn es verändert alle Farben und ruft Schatten hervor, die sich zu bewegen und Unheimliches zu verbergen scheinen. Die Erwartung, dem Übernatürlichen zu begegnen, steigert sich im flimmernden Mondlicht, das eine Landschaft verzaubern und Vertrautes fremdartig erscheinen lassen kann. Viele Sagen berichten deshalb von Spukgestalten und dämonischen Wesen, die vom Mond aus ihrer Verborgenheit gelockt werden. Zwerge und Nixen vergnügen sich dann gern bei Musik, Tanz und Gesang. Vom Mummelsee im Schwarzwald wird sogar von einer zauberhaften Verwandlung von Wasserlilien in Nixen bei Mondschein erzählt, was August Schnezler im vorigen Jahrhundert in seiner Romanze „Die Lilien" literarisch gestaltet hat:

„Im Mummelsee, im dunklen See,
Da blühn der Lilien viele,
Sie neigen sich, sie beugen sich,
Dem losen Wind zum Spiele;
Doch wenn die Nacht herniedersinkt,
Der volle Mond am Himmel blinkt,
Entsteigen sie dem Bade
Als Jungfern ans Gestade. [...]

ELFENTANZ

Das diffuse Licht des Mondes, dazu die beweglichen Schatten durch Wind und Wolken vermögen die Sinneseindrücke so zu täuschen, daß plötzlich übernatürliche Wesen in der freien Natur wahrgenommen werden, vor allem dann, wenn schon eine entsprechende Erwartungshaltung besteht. Dazu gehören die Begegnungen mit den Elfen. Sie gelten als vom Himmel gestoßene Engel, die Gutes und Böses in sich vereinen und zweifeln, am Jüngsten Tag Gnade zu finden.

Durch Wilhelm Grimm, der die „Irischen Elfenmärchen" übersetzte und 1826 erstmals herausgab, wurden diese zauberhaften Wesen, die in der deutschsprachigen Volksüberlieferung fehlen, auch bei uns bekannt. In dieser Sammlung finden sich gleich mehrere Texte, die vom fröhlichen Treiben der Elfen im Mondschein berichten, z.B. die Erzählung „Die Mahlzeit des Geistlichen":

G egen Ende September war einmal eine muntere Gesellschaft von Elfen versammelt, welche im Glanze des Mondlichtes herumtanzten und ihre wunderlichen Streiche und Sprünge machten …"

„Auf einem weichen grünen Rasen nahe des Flusses Rand tanzten die kleinen Gesellen im Kreis, fröhlicher als je; ihre roten Käppchen wackelten bei jedem Sprung in dem Mondschein, und doch waren diese tollen Sprünge so leicht, daß die Tautropfen unter ihren Füßen zwar zitterten, aber nicht auseinanderrollten. So trieben sie ihr wildes Spiel, zogen Kreise umher, wirbelten und zappelten durch die Luft, und auf und nieder tauchend, erschöpften sie ihre Künste …"

★★★★★★★★★★★★★★★★★★★★★★★★★★★★★★★★★★★★★

Werden sie gewarnt, verhalten sie sich wie folgt:

„Alsbald fuhren sie auseinander, so geschwind als möglich, und steckten sich unter die grünen Blätter des Fingerhuts, denn wo ihre roten Käppchen hervorguckten, da schienen sie nur die dunkelroten Blütenglocken der Pflanze zu sein. Andere verbargen sich in dem Schatten von Steinen und Brombeergesträuch, wieder andere unter das Ufer des Flusses oder sonst in eine Höhle oder Spalte …"

Den Elfen wird große Zaubermacht zugeschrieben, denn sie können sich und anderes verwandeln. Das erklärt, warum es nur selten gelingt, sie anzutreffen. Zweifler erkennen sie darum nie.

In der Erzählung „Die verwandelten Elfen" geht es um eine solche Sinnestäuschung:

„Der Mond schien eben in vollem Glanz, und bei diesem Licht bemerkte Mulligan eine allerliebste Gesellschaft kleiner, artiger Gestalten, die unter der Eiche in immerwährender, behender Bewegung tanzten …"

„Niemals hat man etwas Lieblicheres gesehen. Sie waren kaum drei Daumen hoch, aber weiß wie der gefallene Schnee und von unzähliger Menge …"

Als Mulligan, der sich schon immer einmal gewünscht hatte, Elfen sehen zu können, ihnen aus Freude zuruft, verschwinden sie plötzlich im Dunkel. Bei seiner Heimkehr erzählt er sofort sein außergewöhnliches Erlebnis. Junge Leute, die ihm nicht glauben, reiten zu dem Platz an der Eiche. Sie finden dort nur eine Menge Pilze vor und lachen Mulligan tüchtig aus.

In der irischen Volksüberlieferung gelten Pilze, die im Kreis wachsen, was wegen ihrer Fortpflanzungsart tatsächlich zu beobachten ist, als sicheres Zeichen für einen Tanzplatz der Elfen, bei uns für den der Hexen.

TANZ DER ZWERGE BEI VOLLMOND

Die Zwerge, die das Sonnenlicht meiden müssen, weil es sie zu Stein verwandeln kann, lieben dafür das Mondlicht um so mehr. Aus ihren unterirdischen Behausungen im Wald kommen sie gern bei Mondschein hervor, um auf einer abgelegenen Wiese zu singen und zu tanzen. Sie lassen sich bei ihren Vergnügungen nicht von zufälligen Beobachtern vertreiben, sondern ziehen sie freundlich in ihren Kreis und erfüllen ihre Wünsche.

Wie die Zwerge mit einem frommen Armen und einem geizigen Reichen verfahren, erzählt eine Sage aus der Steiermark, die mit ähnlichen Motiven in ganz Westeuropa, selbst in Nordafrika bekannt ist.

s war einmal ein Bauer, der hatte einen großen Buckel. Darob verspotteten ihn die Leute im Dorf, und der Bauer kränkte sich sehr. Besonders sein reicher Nachbar, der ein Geizteufel und Hartherz war, höhnte den armen buckligen Bauer bei jeder Gelegenheit.

Eines Abends, als der Vollmond aufging, wanderte der Bucklige auf sein Feld hinaus und am Waldrand hin. Da begann es auf dem Kirchturm zum Abendgebet zu läuten, und der Bauer kniete nieder und betete.

✦✦✦✦✦✦✦✦✦✦✦✦✦✦✦✦✦✦✦✦✦✦✦✦✦✦✦✦✦✦✦✦✦✦✦

Auf einmal hörte er aus dem Walde feine Stimmen ein Tanzlied singen. Er schlich sich hinzu und erblickte eine Schar Zwerge, die auf einer Waldwiese einen Reigen tanzten und dazu sangen:

„Montag, Dienstag, Mittwoch,
Montag, Dienstag, Mittwoch."

Da trat der bucklige Bauer aus dem Gesträuch hervor und rief den Zwergen zu: „Warum singt ihr denn nur immerzu ‚Montag, Dienstag, Mittwoch‘, singt doch auch ‚Donnerstag und Freitag‘. Das gefiel den Zwergen über alle Maßen gut. Sie jubelten, tanzten und sangen:

„Montag, Dienstag, Mittwoch,
Montag, Dienstag, Mittwoch,
Donnerstag und Freitag noch."

Dabei nahmen sie die Hände des buckligen Bäuerleins, und er mußte mit ihnen hopsen und singen.

Danach fragten ihn die Zwerge, ob er nicht einen Wunsch habe, sie könnten ihm viel Gold und Silber geben. „Ach", sagte der Bauer, „was nützt mir Gold und Silber, das brauch' ich nicht, wenn ich nur meinen Buckel weg hätte!"

Da packten ihn die Zwerge und warfen ihn reihum wie einen Plumpsack. Und denkt euch, wie er wieder auf seinen Füßen stand, war der Buckel weg und sein ganzer Leib kerzengerade. Ja, das war eine Freude, und der Bauer dankte den Zwergen immer wieder, bis sie verschwanden. Als er heimkam, wunderten sich alle Leute, am meisten aber der geizige Nachbar, der nicht ruhte, bis ihm der Bauer die ganze Geschichte erzählt hatte.

Der Geizige konnte es kaum erwarten, bis der Mond wieder voll war. Endlich war es so weit, da schlich auch er an den Waldrand und kniete beim Betläuten nieder. Richtig, da hörte er auch aus dem Walde Tanzen und Singen. Er schlich näher und vernahm nun deutlich die Worte:

„Montag, Dienstag, Mittwoch,
Montag, Dienstag, Mittwoch,
Donnerstag und Freitag noch ..."

Da trat der Geizige hervor und sagte: „Nein, das ist gar nichts. Ihr müßt das Lied beenden und zum Schluß singen:

„Nehmt den Samstag auch dazu,
Am Sonntag geht die Welt zur Ruh."

Ei, das gefiel den Zwerglein gut, sie jubelten, tanzten und sangen den ergänzten Text.

Der Geizige konnte es nicht erwarten, daß die Zwerge auch ihm einen Wunsch freistellten. Weil er aber so böse Augen machte, luden sie ihn nicht zum Tanze und sagten nichts.

Da wurde der reiche Bauer grob und schrie sie an: „Dummes Zwergenvolk, dem buckligen Tölpel, meinem Nachbar, habt ihr für seine kindischen Wörter Gold und Silber versprochen, und der Esel hat es abgelehnt, soll ich nun für meinen schönen Reim nichts kriegen?"

„Nun, nur nicht so böse", sagten die Zwerge, „was wollt Ihr denn?" Der Reiche überlegte. Gold und Silber wollte er nicht geradezu sagen, so brummte er nach einigem Besinnen: „Nun, ich wünsch' mir eben das, was mein dummer Nachbar nicht hat haben wollen."

Da packten die Zwerge auch ihn, warfen ihn reihum wie einen Plumpsack herum, und als er wieder auf die Füße kam, hatte er einen großmächtigen Buckel.

Und mit dem mußte er sein Leben lang herumgehen, weil die Zwerglein sogleich verschwanden und sich seither nie mehr blicken ließen.

Dem Mond kommt bei der Begegnung mit den übernatürlichen Wesen eine bedeutende Rolle zu: Voller Ungeduld muß der Habgierige erst das erneute Erscheinen des Vollmonds abwarten, bis sich die Zwerge hervorwagen und er ihr Wochentagslied in der Hoffnung auf Belohnung ergänzen kann. Der im Mondlicht wirksam gewordene Zauber verunstaltet ihn jedoch für immer – eine Strafe für seine Bosheit.

DER MOND ALS SONNE DER TOTEN

Der Mond lockt nicht nur freundliche Naturwesen wie Elfen, Nixen und Zwerge zu Spiel und Tanz. Er gilt auch als „Sonne der Toten". In seinem bleichen, gespenstischen Licht, das eine magische Wirkung besitzt, erwachen in der Geisterstunde sogar die Toten und kommen aus ihren dunklen Gräbern hervor, um sich zu vergnügen.

Märchen und Sagen schildern ihr unheimliches Treiben auf dem Friedhof bei Vollmond und warnen die Neugierigen. Wer sie bei ihrem grotesken Tanz beobachtet, gar stört oder verspottet, gerät in höchste Gefahr.

Johann Wolfgang von Goethe (1749–1832) schöpfte auch gern aus
der Volksüberlieferung.

Für seine Ballade „Der Totentanz" übernahm er ein ähnliches
Geschehen, das er mit dramatischer Eindringlichkeit und zuneh-
mender, geradewegs atemberaubender Spannung erzählt:

Der Türmer, der schaut zu Mitten der Nacht
Hinab auf die Gräber in Lage;
Der Mond, der hat alles ins Helle gebracht,
Der Kirchhof, er liegt wie am Tage.
Da regt sich ein Grab und ein anderes dann:
Sie kommen hervor, ein Weib da, ein Mann,
In weißen und schleppenden Hemden.

Das reckt nun, es will sich ergetzen sogleich,
Die Knöchel zur Runde, zum Kranze,
So arm und so jung, und so alt und so reich;
Doch hindern die Schleppen am Tanze.
Und weil hier die Scham nun nicht weiter gebeut,
So schütteln sich alle, da liegen zerstreut
Die Hemdelein über den Hügeln.

Nun hebt sich der Schenkel, nun wackelt das Bein,
Gebärden da gibt es vertrackte;
Dann klippert's und klappert's mitunter hinein,
Als schlüg man die Hölzlein zum Takte.
Das kommt nun dem Türmer so lächerlich vor!
Da raunt ihm der Schalk, der Versucher ins Ohr:
Geh, hole dir einen der Laken!

Getan wie gedacht! Und er flüchtet sich schnell
Nun hinter geheiligte Türen.
Der Mond, und noch immer er scheinet so hell
Zum Tanz, den sie schauderlich führen.
Doch endlich verlieret sich dieser und der,
Schleicht eins nach dem andern gekleidet einher,
Und husch! ist es unter dem Rasen.

Nur einer, der trippelt und stolpert zuletzt
Und tappet und grapst an den Grüften;
Doch hat kein Geselle so schwer ihn verletzt;
Er wittert das Tuch in den Lüften.
Er rüttelt die Turmtür, sie schlägt ihn zurück,
Geziert und gesegnet, dem Türmer zum Glück;
Sie blinkt von metallenen Kreuzen.

Das Hemd muß er haben, da rastet er nicht,
Da gilt auch kein langes Besinnen;
Den gotischen Zierat ergreift nun der Wicht
Und klettert von Zinne zu Zinnen.
Nun ist's um den armen, den Türmer getan!
Es ruckt sich von Schnörkel zu Schnörkel hinan,
Langbeinigen Spinnen vergleichbar.

Der Türmer erbleichet, der Türmer erbebt,
Gern gäb er ihn wieder, den Laken.
Da häkelt – jetzt hat er am längsten gelebt –
Den Zipfel ein eiserner Zacken.
Schon trübet der Mond sich verschwindenden Scheins,
Die Glocke, sie donnert ein mächtiges Eins,
Und unten zerschellt das Gerippe.

Schaurig geht es auch in der berühmten Ballade „Lenore" von Gottfried August Bürger (1747–1794) zu. Der tote Bräutigam erscheint, um die Trauernde zu sich in sein Grab zu holen. Refrainartig kehren die Verse mehrfach wieder, um das spukhafte Geschehen zu verdeutlichen:

Wie flog, was rund der Mond beschien,
Wie flog es in die Ferne!
Wie flogen oben überhin
Der Himmel und die Sterne! –
„Graut Liebchen auch? –
   Der Mond scheint hell!
Hurra! Die Toten reiten schnell! –
Graut Liebchen auch vor Toten?" –
„Oh weh! Laß ruhn die Toten!"

Der Ritt in das kühle Brautbett erfolgt ja zur Geisterstunde in einer Mondnacht und ist nicht aufzuhalten, da Lenore sich verzweifelt von Gott abgewandt hat.

Die letzte Strophe macht die Ausweglosigkeit Lenores deutlich:

Nun tanzten wohl bei Mondenglanz
Rundum herum im Kreise
Die Geister einen Kettentanz
Und heulten diese Weise:
„Geduld! Geduld!" Wenn's Herz auch bricht!
Mit Gott im Himmel hadre nicht!
Des Leibes bist du ledig;
Gott sei der Seele gnädig!"

Mond und Kunst

Mondbeglänzte Zaubernacht,
Die den Sinn gefangen hält,
Wundervolle Märchenwelt,
Steig auf in der alten Pracht!

Ludwig Tieck (1773–1853)
„Kaiser Octavianus", 1804

Mond und Dichtung

ehr als die Sonne ist der Mond in der Dichtung gerühmt worden, am häufigsten in der Zeit der Romantik, in der die Schwärmerei für die Nacht und den Zauber des Mondlichts ihren Höhepunkt erreicht hat.

In der Lyrik verbinden sich Nacht und Mond, Traum und Gefühl mit dem persönlichen Empfinden. Erinnerung und Hoffnung werden geweckt, Sehnsucht führt zu einem Ahnen der Unendlichkeit in Schönheit und Frieden.

Ein Sommernachtstraum

Den Inbegriff einer mondhellen Zaubernacht mit anmutigen Elfen, spukhafter Verwirrung und Verwandlung hat William Shake-

speare bereits 1594/95 in seiner romantischen Komödie „A Midsummer Night's Dream" gestaltet.

Der Glanz des Mondes liegt über dem Geschehen, in dem die Elfenkönigin Titania und der Elfenkönig Oberon mit ihrem Gefolge zusammentreffen. Heitere Poesie und Leichtigkeit zeichnet diese Dichtung aus, in der sich Reales und Irreales vermischt. Die Gefühle der Menschen werden durch den Saft eines Zauberkrautes, der Liebestollheit hervorruft, ebenso getäuscht und verändert, wie die der Elfenkönigin, an der sich Oberon nach einem Streit rächen will. Nach der Versöhnung erscheint es allen wie ein Traum, was sie in dieser Nacht erlebt, erlitten und erfahren haben.

DER MOND IST AUFGEGANGEN

Eines unserer beliebtesten Mondgedichte stammt von Matthias Claudius (1740–1815). Sein berühmtes „Abendlied" zählt in der Vertonung von Johann Abraham Peter Schulz (1790) bis heute zum allgemeinen Liederschatz. Jedes Kind hat es zu Hause oder in der Schule schon einmal gehört.

Die Verse zeichnen sich aus durch naive Einfachheit und die tiefe Innigkeit eines gläubigen Herzens.

Der Mond ist aufgegangen,
Die goldnen Sternlein prangen
Am Himmel hell und klar;
Der Wald steht schwarz und schweiget,
Und aus den Wiesen steiget
Der weiße Nebel wunderbar.

Wie ist die Welt so stille
Und in der Dämmrung Hülle
So traulich und so hold!
Als eine stille Kammer,
Wo ihr des Tages Jammer
Verschlafen und vergessen sollt.

Seht ihr den Mond dort stehen?
Er ist nur halb zu sehen
Und ist doch rund und schön.
So sind wohl manche Sachen.
Die wir getrost belachen,
Weil unsere Augen sie nicht sehn. [...]

Als Freund preist Johann Wolfgang von Goethe den Mond, dem er 1787 eines seiner schönsten Gedichte gewidmet hat: Der Tag hat sich dem Ende zugeneigt, und das Dunkel der Nacht breitet sich wie eine Decke über Wald und Flur. Nur der zarte Nebelglanz des Mondes taucht die Landschaft in silbriges Licht, weckt Gedanken und Empfindungen.

AN DEN MOND

Füllest wieder Busch und Tal
Still mit Nebelglanz,
Lösest endlich auch einmal
Meine Seele ganz;

Breitest über mein Gefild
Lindernd deinen Blick,
Wie des Freundes Auge mild
Über mein Geschick.

Jeden Nachklang fühlt mein Herz
Froh- und trüber Zeit,
Wandle zwischen Freud' und Schmerz
In der Einsamkeit.

Fließe, fließe, lieber Fluß!
Nimmer werd' ich froh:
So verrauschte Scherz und Kuß,
Und die Treue so. […]

Bei Joseph Freiherr von Eichendorff (1788–1857), dem bedeutendsten Dichter der deutschen Hochromantik, führte das Naturgefühl zur Ahnung göttlicher Nähe. In einem seiner berühmtesten Gedichte von 1837 gestaltete er diese Empfindung besonders anrührend durch die Liedhaftigkeit seiner Verse:

MONDNACHT

Es war, als hätt' der Himmel
Die Erde still geküßt,
Daß sie im Blütenschimmer
Von ihm nun träumen müßt.

Die Luft ging durch die Felder,
Die Ähren wogten sacht,
Es rauschten leis die Wälder,
So sternklar war die Nacht.

Und meine Seele spannte
Weit ihre Flügel aus,
Flog durch die stillen Lande,
Als flöge sie nach Haus.

Auch Heinrich Heine (1797–1856), der herausragendste deutsche Lyriker zwischen Romantik und Realismus, benutzte Nacht und Mond gern als Stimmungsträger. In seinem „Buch der Lieder" überglänzt der Mond Land und Meer, begeistert die Liebenden, begleitet den Einsamen, weckt aber auch nächtliche Zauberwesen.

In dem folgenden Gedicht aus dem Kapitel „Die Heimkehr" von 1823–1824 empfindet der Dichter dankbar die erlösende Wirkung des Mondlichts auf sein mit Düsternis und Schwermut umfangenes Gemüt:

Nacht liegt auf den fremden Wegen, –
Krankes Herz und müde Glieder;
Ach, da fließt, wie stiller Segen,
Süßer Mond, dein Licht hernieder.

Süßer Mond, mit deinen Strahlen
Scheuchest du das nächt'ge Grauen;
Es zerrinnen meine Qualen,
Und die Augen übertauen.

Theodor Storm (1817–1888) vergleicht in seinem Gedicht „Mondlicht" den sanften Schein des Mondes, der der Welt Frieden bringt, mit der Geliebten und ihrem Einfluß auf sein Leben:

Wie liegt im Mondenlichte
Begraben nun die Welt.
Wie selig ist der Friede,
Der sie umfangen hält!

Die Winde müssen schweigen,
So sanft ist dieser Schein;
Sie säuseln nur und weben
Und schlafen endlich ein.

Und was in Tagesgluten
Zur Blüte nicht erwacht,
Es öffnet seine Kelche
Und duftet in der Nacht.

Wie bin ich solchen Friedens
Seit lange nicht gewohnt!
Sei du in meinem Leben
Der liebevolle Mond!

MOND UND MALEREI

erausragende Künstler haben sich auch von dem Zauber einer Mondnacht inspirieren lassen und versucht, den wundervollen Glanz, mit dem das Mondlicht Land und Meer verwandeln kann, mit den Augen des Malers zu sehen und mit unterschiedlichen Ausdrucksmöglichkeiten in ihren Werken darzustellen. Tiefempfundene Stimmungen werden so durch die Bilder für immer festgehalten, die den Betrachter einbeziehen und berühren. Nur auf einige Beispiele kann hier hingewiesen werden.

Der aus Greifswald stammende Maler *Caspar David Friedrich* (1774–1840) hat mehrfach das Mondlicht in seine Landschaftsmalerei einbezogen. Nach dem Besuch der Kunstakademie in Kopenhagen siedelte er nach Dresden über, dem damaligen Zentrum romantischer Bestrebungen, und traf dort mit Dichtern wie Schlegel, Tieck und Novalis und dem Maler Philipp Otto Runge zusammen, die ihn beeinflußten.

Die Nacht und der Mond waren Themen der Romantiker. Auch Caspar David Friedrich nahm sie in seine Landschaftsmalerei auf, die oft eine symbolhafte Aussage bei ihm erhielt. Er sah in der Natur seine Lehrmeisterin und eine Aufgabe der Kunst darin, „als Mittlerin zwischen die Natur und den Menschen" zu treten. Ihm gelang die Romantisierung durch besondere Lichteffekte. Bei der Subjektivität seiner Landschaftsauffassung kam die besondere Stimmung, die das Mondlicht bewirkt, seinem Empfinden besonders entgegen.

Der zum Grübeln und zur Schwermut neigende Maler hat Schneelandschaften und Ruinen im Mondschein, der kalt und gespenstisch erscheint und das Einsamkeitsgefühl steigert, aber auch den bewunderten Aufgang des Mondes am Meer nach Erlebnissen aus seiner Heimat dargestellt.

Zu den bekanntesten Werken des Künstlers zählt das Bild „Zwei Freunde in Betrachtung des Mondes" von 1819. Es ist eine ganz und gar romantische Auffassung darin zu spüren, denn auch das Thema Freundschaft spielte in dieser Epoche eine wichtige Rolle. Menschliche Verbundenheit und Gleichklang der Gefühle werden in der gemeinsamen stillen Versenkung in den Anblick des Mondes deutlich. Er taucht in der unheimlich düsteren Landschaft mit Felsen und abgestorbenen Bäumen wie ein Zeichen der Hoffnung auf, wie ein Freund, der auch als der „Dritte im Bunde" verstanden werden könnte.

Wichtig erscheint hier wie bei dem 1823 gemalten Bild „Mondaufgang am Meer" die Aufwertung der menschlichen Gestalten, die ganz in den Anblick des Naturschauspiels versunken sind. Als die Stimmung vertiefende Mittler zwischen Betrachter und Landschaft beziehen sie diesen gleichsam in ihr Erleben mit ein.

Nimmt die Sonne am Tage den Sternen ihren Schein, den sie durch ihren Glanz verblassen läßt – heißt es ja volkstümlich auch: „Die Sonne frißt ihre Kinder" –, so ermöglicht das milde Licht des Mondes, daß die Sterne in ihrer überwältigenden Schönheit und ganzen Pracht neben ihm strahlend zur Geltung kommen.

In seinem Gemälde „Sternennacht" von 1889 hat *Vincent van Gogh* (1853–1890) unmittelbare Naturanschauung und Visionäres von der Harmonie des Universums und von der Ganzheit des Lebens in der sichtbaren und jenseitigen Welt miteinander verbunden.

Der ganze Himmel ist eine einzige Bewegung. Durch seine

Kunst hat van Gogh das rhythmische kosmische Geschehen in einem ungeheuren Wirbel über der stillen Landschaft für das menschliche Auge wahrnehmbar gemacht. Die erahnten Turbulenzen am Himmel werden von ihm durch den Farbauftrag in kreisender, wellenförmiger Pinselführung angedeutet. Ihnen scheint die wie nach oben flammende Zypresse zu entsprechen, Symbol für den Tod aber auch für die Unsterblichkeit. Der abnehmende Mond in einem warmen, orangefarbenen Licht läßt auch den Restmond in seiner Aura erkennen und erweist sich damit als Teil im Ganzen.

Das während seiner schweren Erkrankung und Einsamkeit in Saint-Rémy ein Jahr vor seinem Tode entstandene Gemälde zeigt van Gogh auf der Höhe seiner Kunst und verrät etwas von seiner Beschäftigung mit grundlegenden Fragen um Leben und Tod, Hoffnung und Harmonie in der Unendlichkeit.

Besondere Erwähnung verdient auch *Marc Chagall* (1887–1985), der im expressionistischen Stil seiner Malerei häufig das Reale als Märchen spiegelt. Seine Bilder sind gemalte Träume und Erinnerungen, deshalb hat er so häufig wie kein anderer Künstler in seine Werke die Nacht und den Mondschein einbezogen.

Liebe und Musik, Nacht und Mond gehören für Chagall zusammen. Durch sie entsteht in seinen Bildern eine poetische oder auch schwermütige Stimmung, die sie so eindrucksvoll macht.

Vor allem sind es daher Liebespaare und Musikanten, die den Zauber der Mondnacht erfahren, wie in seinem Bild „Liebespaar mit Blumenstrauß" von 1949. Träumerisches, wie selbstvergessenes Musizieren eines Einsamen erfolgt unter dem magischen Einfluß des Mondscheins und schenkt Erlösung von Kummer und Beschwernissen des Tages. Melodien erklingen aber auch zur

Freude und zum Genuß der Zuhörer, wie andere Darstellungen zeigen. Liebespaare genießen dann ihr harmonisches Beisammensein und ihre gegenseitige Zärtlichkeit um so intensiver.

Bei Chagall lösen sich manchmal die Gestalten von ihrer Erdenschwere, denn der Zauber des Mondlichts scheint den Verliebten unsichtbare Flügel zu verleihen. In ihrem seligen Glücksgefühl schweben sie wie im Traum über der stillen Landschaft, die Chagall nach Erinnerungen an seine Kindheit in Rußland aus Liebe zu seiner Heimat gestaltet hat. Vor allem Bella, die er 1915 nach seiner Rückkehr von Paris geheiratet hat, ist oft auf seinen Bildern zu sehen. In ihrem Partner stellt er sich wohl selbst dar mit seinen Wünschen an die Zukunft.

Prophetisches und Symbolisches kennzeichnen damit auch Chagalls Malerei, der zu den bedeutendsten Persönlichkeiten in der Kunst des 20. Jahrhunderts gehört.

MOND UND MUSIK

iele lyrische Mondgedichte haben eine adäquate Vertonung erfahren. Besonders viele Schubertlieder besingen den Zauber des Mondlichts. So manche Serenaden und Nachtstücke hat der Mond inspiriert wie auch Beethovens berühmte „Mondscheinsonate".

Oper, Operette und Musical haben sich ebenfalls mit Erfolg des Themas angenommen.

So trägt die „Königin der Nacht" in Mozarts „Zauberflöte" unverkennbar lunare Züge, die der Klarheit und Wahrheit im Reich der Sonne, die Sarastro vertritt, als Gegnerin erscheinen muß.

In der Operettenwelt nimmt „Frau Luna" von Paul Lincke (1866–1946) den ihr gebührenden Platz ein. Als Inbegriff des Verführerischen und Verlockenden, des Schönen und Erotischen weckt Frau Luna Sehnsüchte nach ihrem märchenhaften Wunderreich. Der Träumer erhält in der Schlußszene jedoch den Rat:

„Schlösser, die im Monde liegen,
bringen Kummer, lieber Schatz.
Um im Glück dich einzuwiegen,
hast du auf der Erde Platz."

Unzählige Schlager der Gegenwart wären ohne Mond und Liebe nicht denkbar. Sogar das Thema von Sonne und Mond als unglücklichem Paar, das nicht zusammenfinden kann, wird in dem Lied „Lady Sunshine und Mister Moon" wieder aufgegriffen.

Auf den Welterfolg des Musicals „Cats" soll nun noch besondere Aufmerksamkeit gerichtet werden.

Mond und Katze bilden seit Jahrtausenden eine magische Gemeinschaft und werden einander zugeordnet. Katzen gelten nämlich vor allem deshalb als ausgesprochene Mondtiere, weil sich ihre Augen wie der Mond verändern können und durch sein Licht geradezu gefürchtete dämonische Leuchtkraft im Dunkeln erhalten.

Im Laufe der Geschichte wurden Katzen sogar vergöttlicht – die ägyptische Göttin Bastet trug beispielsweise einen Katzenkopf, der manchmal mit einem Mond geschmückt wurde –, verteufelt oder als Hexentiere bezeichnet.

Tatsächlich ist zu beobachten, daß Katzen bei Vollmond besonders aktiv werden, aus dem Haus drängen und dann mitunter ki-

lometerweit zu einem exterritorialen Versammlungsplatz laufen, wo sie sich im Kreis zusammenfinden, um stundenlang in das Mondlicht zu starren.

Das Musical „Cats" von Andrew Lloyd Webber nach Gedichten von Thomas Stearns Eliot aus „Old Possum's Book of Practical Cats" macht sich all diese Vorstellungen zunutze, denn es spielt in einer Mondnacht, in der Zauber, Verwandlung und eine erhoffte Wiedergeburt möglich werden. Die Katzen der Umgegend haben sich auf einem Schrottplatz versammelt, wo sie ihre Fähigkeiten und Eigenarten zeigen können, bis sich schließlich das Wunder im Mondlicht ereignet, auf das die alte, gebrechliche Katze Grizabella wartet. Weltberühmt ist ihr Lied „Erinnerung", aus deren Bann sie sich lösen möchte:

MONDLICHT

Schau hinauf in das Mondlicht,
geh ins Land der Erinn'rung
auf der mondhellen Bahn.
Und wenn du dort
erfahren hast, was Glück wirklich ist,
fängt ein neues
Leben an.

Träume –
Die Erinn'rung im Mondlicht,
lächelnd denk' ich an damals,
als ich jung war und schön.
Ich glaub' damals
hab' ich gewußt, was Glück wirklich ist.
Warum mußte
es vergehn?
[…]

MONDREISEN

❧

Welche magische Wirkung der Mond auf die Gedanken und Wünsche der Menschen besitzt, beweist die seit Jahrhunderten bestehende Sehnsucht, trotz aller Schwierigkeiten zu ihm gelangen zu können.

Der Mond erscheint in der Phantasie als Wunderland voller unbekannter Abenteuer, der zu einer Reise verlockt. Er ist das Ziel von Märchenhelden, die Gefahren und Anstrengungen nicht scheuen. Da im Märchen Träume und Wünsche in Erfüllung gehen, können solche Traumreisen gelingen. Dabei hat nicht jeder Erfolg, nur der Auserwählte.

Mut, Beharrlichkeit, Freundlichkeit und Hilfsbereitschaft zeichnen ihn aus, so daß er treue Helfer gewinnt, die ihn bei dieser Art Jenseitsreise zum Mond unterstützen. Bei seiner Rückkehr zur Erde kann er von seinen Erlebnissen berichten und ein mitgebrachtes Wahrzeichen zur Bestätigung vorweisen. Ein Märchen aus Brasilien dient hierfür als besonders interessantes Beispiel.

Auch die Märchenheldin gelangt bei der verzweifelten Suchwanderung nach ihrem verlorenen und verwandelten Gemahl zu Sonne, Mond und den Winden, die sie befragt und von denen sie hilfreiche Zaubergaben erhält.

Seit der Antike sind Mondreisen auch ein Thema der Literatur, wie z. B. bei dem griechischen Schriftsteller Lukianus, der bereits humorvoll und voller Ironie zeitgenössische Abenteuerromane parodiert.

Cyrano de Bergerac berichtet in seinem utopisch-satirischen Roman „Mondstaaten" von seiner phantastischen Erfindung, die ihn zum Mond bringt.

Bei uns in Deutschland sind die Mondreisen durch die Literatur aus dem 18. und 19. Jahrhundert besonders beliebt geworden. Wichtige Vertreter sind dabei Münchhausens Lügenerzählungen und Jules Vernes utopische Romane, Vorläufer der Science-Fiction-Literatur.

Sie befriedigen die Neugierde und Abenteuerlust der Menschen und stillen ihre Sehnsucht nach fremden Welten.

Erinnert sei an Theodor Storms (1817–1888) Erzählung „Der kleine Häwelmann" und an „Peterchens Mondfahrt" von Gerdt von Bassewitz (1878–1923), die zu Klassikern der Kinderliteratur geworden sind. Auch die Reise in das Land Phantásien in Michael Endes „Unendliche Geschichte" kann als Reise zum Mond interpretiert werden, da dessen Herrscherin, die kindliche Kaiserin, wegen ihrer zarten Schönheit den Namen „Mondenkind" erhält.

Erst der Forschungsdrang und Erfindergeist unserer Zeit hat die Utopie Wirklichkeit werden lassen. Der Mensch hat Sonden auf den Mond geschickt, hat seine Rückseite kennengelernt und ihn schließlich betreten.

Ein chinesisches Volksmärchen schildert das Wunderland des Mondes mit seinem Schloß aus Silber und Kristall sehr phantasievoll nach den Erlebnissen eines Kaisers, der dorthin gelangte. Die Mondfee und ihre Dienerinnen, der Mann im Mond und der Hase aus Jaspis, denen er begegnete, werden auch sonst in der Volksüberlieferung zur Erklärung der Mondflecken genannt:

DIE MONDFEE

ur Zeit des Kaisers Yau lebte ein Fürst, namens Hou I, der war ein starker Held und guter Schütze. Einst gingen zehn Sonnen am Himmel auf, die schienen so hell und brannten so heiß, daß die Menschen es nicht aushalten konnten. Da gab der Kaiser dem Hou I den Befehl, nach ihnen zu schießen. Der schoß nun neun von den Sonnen herunter. – Er hatte aber auch ein Pferd, das war so schnell, daß es den Wind einholen konnte. Er setzte sich darauf und wollte auf die Jagd. Da rannte das Pferd davon und ließ sich nicht mehr halten. So kam er an den Kunlun-Berg und sah die Königin-Mutter am Jaspis-See. Die gab ihm das Kraut der Unsterblichkeit. Das nahm er mit nach Hause und verbarg es im Zimmer. Er hatte eine Frau, namens Tschang O. Die naschte davon, als er einmal nicht zu Hause war, und sogleich schwebte sie zu den Wolken empor. Wie sie beim Mond angekommen war, da lief sie in das Schloß im Mond und lebt dort seither als Mondfee.

Ein Kaiser aus dem Hause Tang saß einmal in der Mittherbstnacht mit zwei Zauberern beim Wein. Der eine nahm eine Bambusstange und warf sie in die Luft; die wandelte sich zur Himmelsbrücke, und nun stiegen die drei zusammen zum Mond hinauf. Da sahen sie ein großes Schloß, darauf stand geschrieben: „Die weiten Hallen der klaren Kälte". Ein Kassiabaum stand daneben, der blühte und duftete, daß die ganze Luft von seinem Duft erfüllt war. Ein Mann saß auf dem Baum, der mit einer Axt die Nebenzweige abhieb. Der eine Zauberer sprach: „Das ist der Mann im Monde. Der Kassiabaum wächst so üppig, daß er mit der Zeit den ganzen Glanz des Mondes beschatten würde. Darum

muß er alle tausend Jahre einmal abgehauen werden." Dann traten sie in die weiten Hallen. Silbern türmten sich die Stockwerke übereinander. Die Säulen und Wände waren alle aus Wasserkristall. Es waren Käfige da und Teiche; darinnen waren Fische und Vögel, die bewegten sich wie lebend. Die ganze Welt schien aus Glas zu sein.

Während sie noch nach allen Seiten Umschau hielten, trat die Mondfee auf sie zu in weißem Mantel und regenbogenfarbenem Gewand. Sie sprach lächelnd zum Kaiser: „Du bist ein Fürst der Welt des Erdenstaubs. Du mußt Glück haben, daß du hierher gelangen konntest." Damit rief sie ihre Dienerinnen, die kamen auf weißen Vögeln herangeflogen und sangen und tanzten unter dem Kassiabaum. Reine, klare Klänge tönten durch die Luft. Neben dem Baume aber stand ein Mörser aus weißem Marmelstein. Ein Hase aus Jaspis zerstieß darinnen Kräuter. Das war die dunkle Hälfte des Monds. Als der Tanz zu Ende war, da kehrte der Kaiser mit den Zauberern wieder zurück. Er ließ die Lieder, die er im Monde gehört hatte, aufzeichnen und zur Begleitung von Jaspisflöten im Birnengarten singen.

DIE MONDBLUME

Ein Märchen aus Brasilien erzählt von einer mühsamen und gefahrvollen Reise zum Mond. Drei Brüder sollen sie auf den Rat eines alten Zauberers hin unternehmen, um ihrem Vater von dort die bewachte Mondblume zu holen. Der Vater kann dadurch ihre Tüchtigkeit prüfen und dem Erfolgreichsten das Erbe hinterlassen. Doch bevor sie überhaupt den höchsten Berg der Erde erreichen, von dessen Gipfel aus es zum Mond gehen soll, geben zwei der drei Brüder auf. Nur Subu geht tapfer weiter und scheut keine Mühen, um das Ziel zu erreichen. Dankbare Tiere, die er vor dem sicheren Tod gerettet hat, helfen ihm dabei:

ubu durchquerte die Ebene und kam zu dem Berg, der war so steil wie ein Turm und so glatt wie Glas. Einen ganzen Tag versuchte Subu, auf den Berg hinaufzuklettern, aber wenn er einmal zwei oder drei Meter hoch gekommen war, rutschte er wieder aus und fiel auf den Boden herunter.

Er wollte schon aufgeben, denn es wurde finster, und auf den nächsten Tag warten, da kam auf einmal jener Affe, den er befreit hatte, und sagte:

„Subu, du und ich sind Freunde. Ich werde dir helfen, denn wenn du auf den Mond willst, mußt du noch heute auf die Spitze des Berges gelangen. Heute nacht ist Vollmond, und dann wird der Storch zum Mond fliegen. Wenn du aber heute nicht hinaufkommst, dann mußt du einen Monat lang warten. Komm, gib mir deine Hand, und ich werde dich hinaufziehen!"

Und er packte Subu bei einer Hand und kletterte den Berg hinauf, indem er Subu hinter sich herzog. Und ganz schnell waren sie oben an der Spitze, über den Wolken. Da sah Subu das Nest des Storches.

Der Affe aber sagte: „Gevatter, tust du mir einen Gefallen?"

Der Storch antwortete: „Gevatter, was soll es denn sein?"

„Schau, Gevatter, dies hier ist mein Freund Subu, der mir das Leben gerettet hat. Er möchte auf den Mond hinauf. Kannst du ihn hinfliegen?"

„Was will er denn auf dem Mond?"

„Er will sich eine Mondblume aus dem Teich holen."

★★★★★★★★★★★★★★★★★★★★★★★★★★★★★★★★★★

„So, so! Das ist aber gefährlich. Wenn er in der Nacht hingeht, dann findet er die Blume nicht, und wenn er am Tag hingeht, dann frißt ihn die Schlange. Aber wenn er will, dann kann ich ihn hinauffliegen. Wie er wieder herunterkommt, ist dann seine Sache, denn ich muß noch diese Nacht zurückfliegen."

Damit nahm der Storch Subu auf seinen Rücken und flog zum Mond hinauf. Und dort setzte er ihn ab, aber weit vom Teich weg und sagte: „Warte, bis es Tag ist! Viel Glück!" Und flog davon.

Subu wartete bis zum nächsten Morgen, dann machte er sich auf den Weg zum Mondteich. Aber als er in die Nähe kam, roch ihn die Schlange, und sie kroch auf ihn zu, um ihn zu fressen. Subu ging zwar mutig mit einem Prügel auf sie zu, aber das hätte ihm nicht geholfen, denn die Schlange war so groß, daß sie hundert Männer hätte fressen können. In der größten Not erschienen jedoch plötzlich die drei Leoparden, die Subu aus ihren Fallen befreit hatte, und sie stürzten sich auf die Riesenschlange.

Es gab einen langen Kampf hin und her, denn die Leoparden konnten die Schlange nicht überwinden, aber auch die Kraft der Schlange reichte nicht aus, die Leoparden zu erwürgen, denn wenn sie einen umschlungen hatte, dann bissen sie die beiden anderen, so daß sie ihn wieder loslassen mußte. So rangen sie lange, bis sie alle erschöpft waren.

Da kroch einer der Leoparden zu Subu und sagte: „Geh du jetzt schnell zum Teich und hole die Blume. Wir werden inzwischen mit der Schlange weiterkämpfen. Aber beeile dich, denn wir sind schon müde und können der Schlange nicht mehr lange widerstehen."

Da sprang Subu so schnell er konnte zum Ufer des Teiches. Er riß jedoch nicht eine Blume aus, sondern er grub ihre Wurzeln frei, wickelte sie in ein großes Blatt, und lief zurück. Da gaben die

Leoparden die Schlange frei und rannten mit Subu so weit, daß die Schlange ihnen nicht mehr folgen konnte. Sie ist nämlich an die Nähe des Teiches gebunden.

Nun saß Subu da auf dem Mond, wo es nichts zu essen und zu trinken gibt, und dachte: „Wenn ich jetzt bis zum nächsten Vollmond warten muß, bis der Storch wieder heraufgeflogen kommt, dann bin ich schon vorher verhungert und verdurstet." Und er war verzweifelt, weil er meinte, daß alles umsonst gewesen sei.

Aber was taten in der Zwischenzeit die Leoparden? Ja, was taten sie? Sie sprangen auf die Erde herunter und gingen den Elefanten suchen, jenen Elefanten, dem Subu aus der Fallgrube herausgeholfen hatte.

Als sie endlich den Elefanten gefunden hatten, riefen sie: „Onkelchen, unser Freund, der auch dein Freund ist, sitzt auf dem Mond und kann nicht mehr herunter." […]

Damit machte der Elefant sich auf zu dem Gebirge, das unterm Mond liegt. Und dort blies er sich auf, daß er dick und groß wie ein Berg wurde. Und dann streckte er seinen Rüssel, der so dick wie der stärkste Baumstamm war.

Er reckte und streckte ihn, bis er so dünn wurde wie ein Seil. Aber dabei wurde der Rüssel länger und länger und reichte bis zum Mond hinauf. Und da sagte der Elefant: „Los, Subu, rutsche an meinem Rüssel herunter! Aber schnell, schnell, denn ich kann nicht lange so stehen!"

Da nahm Subu das Blatt mit der Mondblume zwischen die Zähne und rutschte am Rüssel des Elefanten hinunter auf die Erde.

Drei Tage später war Subu bei seinem Vater: „Hier, da ist die Mondblume."

„Gut gemacht, Söhnchen. Pflanze sie im Garten ein. Ich werde dir eine Frau suchen, dann sollst du heiraten und mein Nachfolger werden." […]

Die Mondblume aber war im Garten eingepflanzt und wuchs und gedieh gut. Und in der nächsten Vollmondnacht hörte Subu eine schöne Stimme singen:

Mondblume nennt man mich,
Am Blütenkleid erkennt man mich.
Wer mich pflückt zur Vollmondnacht,
Wird von mir glücklich gemacht.

Da stand er auf und ging der Musik nach, und so kam er in den Garten, und dort sah er, daß die Mondblume aufgeblüht war, und in der Blüte saß ein kleines Mädchen und sang.

Er wagte sich nicht zu rühren und schaute die Blume an, bis sie sich am Morgen wieder schloß und das Mädchen damit verschwand. […]

Sofort empfindet Subu eine tiefe Zuneigung zu dem Mädchen. Um zu erfahren, wie er sie zur Frau gewinnen kann, macht er sich abermals auf den Weg zum alten Zauberer. Dieser rät ihm folgendes:

„Wenn wiederum Vollmondnacht ist, und das Mädchen singt:

‚Mondblume nennt man mich,
Am Blütenkleid erkennt man mich.
Wer mich pflückt zur Vollmondnacht,
Wird von mir glücklich gemacht.'

★★★

Dann mußt du selbst singen:

,Pflücken möchte ich dich gern,
Schöne wie der Morgenstern.
Doch ich fürchte, weh zu tun.
Sag mir schnell: was mach' ich nun?'

Dann warte ab und tu das, was das Mädchen sagen wird." […]

Bei der nächsten Vollmondnacht verhält Subu sich genau so, wie
der Zauberer ihm gesagt hatte. Und tatsächlich antwortet ihm das
Mädchen:

Liebster, pflücke mich nur gleich,
Trag mich dann zum nächsten Teich.
Laß mich auf dem Wasser treiben,
Dann werd' ich dir ewig bleiben.

Da ging Subu hin, pflückte die Blüte ab und trug das Mädchen in
der Blüte zum Teich, setzte sie aufs Wasser und ließ sie mit der
Blüte dahintreiben.

Dabei schlief Subu ein, und als er am nächsten Tag aufwachte,
saß ein sehr, sehr schönes Mädchen neben ihm. Das war das
Mondblumenmädchen. Am gleichen Tag haben sie geheiratet.

LUKIANS LUFTREISE ZUM MOND

Die erste Darstellung einer Mondreise in der Literatur stammt von dem griechischen Schriftsteller Lukianos (um 120 n. Chr.–180 n. Chr.). In einem seiner vergnüglichen Gespräche „Ikaromenippos oder Der Himmelstürmer" schildert er voller Phantasie und Ironie den Erfolg seiner Luftreise mit Hilfe von Vogelflügeln, genauer gesagt einem Geier- und einem Adlerflügel. Nach einigen Probeflügen weiß er sie besser zu gebrauchen, als Ikaros, der der Sonne zu nahe kam:

 ls ich mich nun für mein wagehalsiges Unternehmen hinreichend geübt hatte und bereits ein vollendeter Höhenflieger war, begnügte ich mich nicht mehr mit den Zielen junger Gelbschnäbel, sondern stieg auf den Olymp hinauf, und nachdem ich mich mit möglichst leichtem Proviant versehen hatte, lenkte ich meine Flugbahn fortan geradewegs dem Himmel zu, anfangs noch schwindlig vom Anblick der Tiefe unter mir, dann hatte ich mich mit Leichtigkeit auch daran gewöhnt. Als ich mich bereits sehr weit über die Wolken erhoben hatte und in die unmittelbare Nähe des Mondes gekommen war, merkte ich, daß ich müde wurde, besonders am linken, dem Geierflügel. Ich nahm daher eine Zwischenlandung vor, ließ mich auf dem Mond nieder und ruhte mich aus, wobei ich mir die Erde von oben ansah. […] Dieses bunte Bild machte mir Spaß."

Lukianos erkennt, wie klein und gering die Erde im Weltraum ist und begegnet auf dem Mond einer Gestalt, die er für einen Dämon hält. Doch sie stellt sich vor:

„Ich bin nur der bekannte Naturphilosoph Empedokles. Als ich mich nämlich mit einem Schwung in die Kraterschlünde des Ätna stürzte, riß mich der aus ihm aufsteigende Rauch in die Höhe und führte mich hierher. Jetzt wohne ich auf dem Mond, mache oft meine luftigen Spaziergänge, und der Tau ist meine Speise. Ich bin nun gekommen, um dir aus deiner gegenwärtigen Ratlosigkeit herauszuhelfen: Denn es macht dir, glaube ich, Kummer und dreht dir das Herz im Leibe herum, daß du die Dinge auf der Erde nicht deutlich sehen kannst.“

Er verrät ihm, wie er seine Sehkraft mit Hilfe des Adlerflügels schärfen kann, um alle Einzelheiten auf Erden zu erkennen. Danach erscheinen Lukianos die Menschen wie Ameisen und ihr Tun in all seiner Nichtigkeit.

Als er weiterfliegen und zum Palast der Götter gelangen will, bittet ihn die Mondgöttin um einen Gefallen:

„Richte doch Zeus von mir eine ganz einfache Botschaft und Bitte aus. Menippos, ich habe es satt, das viele schreckliche Zeug von den Philosophen zu hören, die nichts anderes zu tun haben, als sich mit mir abzugeben, und herauszukriegen suchen, wer ich bin und wie groß und warum ich bald wie eine Halbkugel und bald wie eine Sichel aussehe. Und die einen sagen, ich würde bewohnt, die andern, ich schwebe wie ein Spiegel über dem Meer, und wieder andere hängen mir an, was sich jeder gerade ausgedacht hat.

Schließlich behaupten sie sogar, selbst mein Licht sei gestohlen und nicht echt, es komme vom Sonnengott über mir, und sehen stets ihre Aufgabe darin, mich mit ihm, meinem Bruder, zusammenzuhetzen und zu verfeinden.“

Sie berichtet von den nächtlichen Schandtaten der Philosophen, die sonst ihre Tugendhaftigkeit zur Schau tragen, und bittet deshalb Lukianos um Unterstützung:

„Sei also darauf bedacht, das Zeus zu berichten, und vergiß auch nicht hinzuzufügen, daß es mir unmöglich ist, auf meinem Platz auszuharren, wenn er nicht diesen Naturphilosophen das Handwerk legt."

Lukianos gelingt eine spöttisch-witzige Abrechnung mit den zeitgenössischen Philosophen, die er aber klugerweise die Götterversammlung vollziehen läßt. Sie fordern deren Vernichtung, die Zeus zusagt.

Die Schwierigkeit für Lukianos, zur Erde zurückzugelangen, wird ebenfalls durch den Göttervater gelöst:

„Was Menippos betrifft", fuhr Zeus fort, „so halte ich es für richtig, ihm die Flügel zu nehmen, damit er nicht noch einmal wiederkommt, und ihn heute noch durch Hermes zur Erde hinunterbefördern zu lassen." Danach löste er die Versammlung auf. Mich aber faßte der Sohn des Kyllenegebirges am rechten Ohr, an dem er mich baumeln ließ, und setzte mich gestern gegen Abend in aller Eile auf dem Töpfermarkt ab.

„Damit hast du alles gehört, Kamerad, was ich vom Himmel weiß."

In seinem fingierten Gespräch über seine Luftreise erweist sich Lukianos als überaus geistreicher Zeitkritiker, der die Verkehrtheit des Aberglaubens und die Schwächen der Menschen bloßstellt.

MONDSTAATEN

Nach der Entdeckung fremder Erdteile erhielt die Frage nach dem Mond und seiner Beschaffenheit neue Bedeutung.

Von Hector Savinien Cyrano de Bergerac (1619–1655), der durch seine phantastischen Reiseerzählungen mit satirischem Einschlag bekannt wurde, stammen auch Darstellungen von Flugreisen zu Mond und Sonne und den dortigen angeblichen Erlebnissen.

In seinem Roman „L'autre monde ou les états et empires de la lune", der 1657 in Paris erstmals erschien, erfindet Cyrano de Bergerac einen Mechanismus, der ihn zum Mond bringt:

Er befestigt viele kleine Fläschchen an seinem Gürtel, die er mit Tau füllt. Die Sonne zieht den Tau an und ihn damit in die Höhe.

Die Mondbewohner, an die man noch im 19. Jahrhundert glaubte, sind dem Eindringling zunächst feindlich gesonnen, doch der Geist des Sokrates, dem er begegnet, verteidigt ihn und zeigt ihm alle Sehenswürdigkeiten. Dabei erfährt Cyrano de Bergerac Merkwürdiges:

In den Gasthöfen wird mit Versen bezahlt, die Sprache der Adligen klingt wie Musik und die Nahrung der Mondleute besteht aus Düften. Er erörtert mit dem Geist des Sokrates Fragen nach Schöpfung und Unsterblichkeit und wird von ihm zur Erde zurück gebracht, da er vergessen hatte, sich einen Apparat für die Heimkehr zu konstruieren.

Mit seinen Einfällen von burlesker Komik kommt der Autor der Wißbegierde und Abenteuerlust seiner Zeitgenossen entgegen, deren Neugierde er gleichzeitig verspottet.

MÜNCHHAUSENS REISEN ZUM MOND

Auf besonders abenteuerliche Weise gelangte der als „Lügenbaron" bekannte Münchhausen angeblich sogar mehrmals zum Mond.

Beim ersten Mal stieg er mühevoll und notgedrungen an einer Bohnenranke zu ihm empor. Nur ein glücklicher Einfall konnte Münchhausen davor retten, für immer auf dem Mond bleiben zu müssen.

Eine zweite, unfreiwillige Reise erlebte er durch einen mächtigen Orkan, der sein Segelschiff über die Wolken emporriß. Es vermochte schließlich, nach langer Fahrt über den Himmelsozean an einer runden, glänzenden Insel, dem Mond, Anker zu werfen. Was Münchhausen nach seiner Rückkehr von dort und den Mondbewohnern zu berichten wußte, entsprach der sehnsuchtsvollen Neugierde und Vorstellungskraft seiner Zeitgenossen, die der Mond nach wie vor in seinen Bann zog.

Karl Friedrich Hieronymus Freiherr von Münchhausen (1720–1797) war ein mit großer Phantasie begabter Erzähler, der an zwei Türkenkriegen teilgenommen hatte. Nach seinem Ausscheiden aus dem Militärdienst lebte er auf seinem Gut Bodenwerder in Westfalen, in der Nähe von Hameln. Dort trug er als Zeitvertreib zum Erstaunen und Vergnügen seiner Jagd- und Zechfreunde amüsante und spannende

Lügengeschichten vor, die er als eigene, denkwürdige Erlebnisse ausgab. Sie machten ihn als liebenswürdigen Aufschneider bekannt.

In Deutschland kennt und liebt man Münchhausens Abenteuer in der Fassung von Gottfried August Bürger (1747–1794), der eine anonym erschienene englische Sammlung R. E. Raspes von 1786 noch im gleichen Jahr ins Deutsche übersetzte und durch seine Erweiterungen künstlerisch abrundete. Die köstlichen Illustrationen von Gustave Doré (1832–1883) trugen viel zur Popularität des Werkes bei.

VON DER ERDE ZUM MOND

Die bisher erwähnten literarischen Darstellungen beschreiben phantastische Abenteuer zu Wasser, zu Lande und auf dem Mond, die die Zuhörer oder Leser angenehm unterhalten oder ihre Gutgläubigkeit verspotten sollen.

Auch die Mondreisen des Lügenbarons entbehren noch jeder technischen und wissenschaftlichen Grundlage, die ja zu Lebzeiten Münchhausens im 18. Jahrhundert auch noch nicht gegeben war. Er greift stattdessen auf bewährte Märchenmotive und seinen Einfallsreichtum zurück.

Bei den utopischen Romanen des französischen Schriftstellers Jules Verne (1828–1905) verhält sich dies anders, denn er schöpft als erster mit großem Erfolg die literarischen Möglichkeiten von Wissenschaft und Technik für ein großes Lesepublikum aus.

Sein Abenteuerroman „De la terre à la lune" von 1865 entstand in seiner ersten optimistischen Schaffensperiode und machte ihn weltberühmt. In deutscher Übersetzung erschien er 1873 unter dem bekannten Titel „Von der Erde zum Mond". Er ist als Vorläufer der modernen Science Fiction zu betrachten und nimmt technische Erfindungen des 20. Jahrhunderts vorweg. So verweist Jules Vernes Gedankenspiel um eine Mondrakete, die bei der Landung benutzt werden sollte, auf das einzige brauchbare Mittel, um den Mond erreichen zu können, was ungefähr 100 Jahre später tatsächlich Wirklichkeit werden konnte. Interessant ist dabei auch, daß für Jules Verne amerikanische Ingenieure und Mechaniker den Menschentyp darstellten, der die Zukunft verkörpert und dem ersehnten Fortschritt zum Durchbruch verhilft. Auch damit sollte er Recht behalten.

Zu bewundern ist das umfangreiche naturwissenschaftliche und technische Wissen Jules Vernes. Er versetzt sein Lesepublikum damit in Spannung, daß er zukünftige Erfindungen so detailliert zu beschreiben und vorauszusagen weiß, als bestünden sie bereits in der Realität. Als Voraussetzung dazu diente ihm eine umfangreiche Zettelkartei von ca. 25.000 Stichworten, in der er alle wissenschaftlichen Erkenntnisse und technischen Versuche seiner Zeit sammelte und damit auch im Hinblick auf neue Möglichkeiten in der Forschung seinen Zeitgenossen immer erheblich voraus war.

AUSBLICK

❧

Unserer Zeit ist es vorbehalten geblieben, einige Rätsel des Mondes zu lösen. Größte Anstrengungen von Wissenschaft und Technik ließen die Mondlandung Wirklichkeit werden. Sie versetzte Millionen von Menschen in ungeheure Spannung und Abenteuerstimmung und ließ sie den Wagemut der Astronauten bewundern. Der Jubel war riesengroß, als Neil Armstrong als erster Mensch am 21. Juli 1969 den Mond betrat und dabei den historischen Ausspruch tat:

„Das ist ein kleiner Schritt für einen Menschen,
aber ein gewaltiger Sprung für die Menschheit."

Doch die weiteren Forschungsergebnisse sorgten bald für Ernüchterung und das rasche Abklingen der Begeisterung: Ein Leben auf dem Mond erscheint unmöglich. Die Raumfahrt suchte sich neue Ziele. Erstaunlicherweise haben die wissenschaftlichen Entdeckungen aber den magischen Zauber des Mondes kaum berühren können; er nimmt offenbar sogar wieder zu.

Unser Jahrhundert neigt sich dem Ende entgegen, und dies bedeutet gleichzeitig die Wende zu einem neuen Jahrtausend, dem unzählige Erwartungen gelten. Schicksalsängste und Zukunftshoffnungen steigern sich, je näher ein solch entscheidender Termin rückt, mit dem in früheren Epochen sogar Weltuntergangsstimmungen verbunden waren. Die Hinwendung zum Magisch-Religiösen, zum Rätselhaft-Unbewußten und die Sehnsucht nach Transzendentem werden immer deutlicher. Bei der Sinnsuche verdrängen Gefühle zunehmend die Verstandeskräfte. Damit wird den verborgenen Geheimnissen der Natur und den Wundern und überirdischen Schönheiten des Kosmos wieder erhöhte Aufmerksamkeit zuteil. Wen wundert es da noch, wenn der Mond dabei das Hauptinteresse wie magisch auf sich lenkt, da er wohl am besten die menschliche Sehnsucht nach Wunder, Zauber und Glück stillen kann.

(3) Der Mond (Ausschnitt), 16. Jh.

(9) Luna. Miniatur aus „De Sphaera", Ms. lat. 209. Biblioteca Estense, Modena.

(16) Meister Bertram, Die Erschaffung der Gestirne, 1380. Tafel des Petrialtars, Kunsthalle, Hamburg.

(25) Die Sonne des Mondes benöthiget/ als wie die Henne des Hahns. Deutsche Graphik, 18. Jh.

(36) Astronomen bei der Berechnung des Mondes. Tarockkarte Karls VI. Privatsammlung.

(40) Kollier und Pektoral mit Mondbarke (Ausschnitt), 2. Jahrtsd. v. Chr. Kairo, Ägyptisches Museum.

(43) Albrecht Dürer, Maria im Strahlenkranz, 1511. Titel-Holzschnitt für den Zyklus „Das Marienleben".

(45) Meister der Sterzinger Altarflügel, Anbetung der Hl. Drei Könige (Ausschnitt), um 1450. Stuttgart, Staatsgalerie.

(51) Vincent van Gogh, Sternennacht (Ausschnitt), 1889. Museum of Modern Art, New York.

(54) Washington Allston, Landschaft im Mondschein (Ausschnitt), 1819. Boston, Museum of Fine Arts.

(62) Friedrich Wachenhusen, Mond über dem Bodden, o. J., Privatbesitz.

(68) Hans Vintler, Zauberei, Tirol 1411. Miniatur, Chart. A. 594, Gotha, Landesbibliothek.

(76) H. Jamsthaler, Rebis (der Androgyne) neben dem Baum der Alchemie. Miniatur aus „Viatorum spagyricum", Frankfurt 1625.

(77) Paul Berthon, Lilienprinzessin, 1897. Plakat für die Kulturzeitschrift „L'Ermitage".

(84) Michael Wolgemut, Wilhelm Pleydenwurff, Skelettreigen (Ausschnitt), 1493. Miniatur aus der Schedelschen Weltchronik.

(86) Hans Baldung Grien, Der Tod und die Frau, um 1517. Kunstmuseum, Basel.

(88) Caspar David Friedrich, Zwei Männer in Betrachtung des Mondes, 1819. Dresden, Gemäldegalerie.

(89) Ludwig Richter, Vater unser (Ausschnitt). In Holzschnitt ausgeführt von August Gaber, 1856.

(91) Adam Elsheimer, Flucht nach Ägypten (Ausschnitt), 1609. Alte Pinakothek, München.

(96) Marc Chagall, Liebespaar mit Blumenstrauß, 1949. Sprengel-Museum, Hannover. © VG Bild-Kunst, Bonn 1997.

(99) Karl Friedrich Schinkel, Sternenhalle im Palast der Königin der Nacht, 1815. Bühnenbild zur Oper „Die Zauberflöte", Staatliche Museen, Berlin.

(100) Moritz von Schwind, Die Morgenstunde (Ausschnitt), 1858. Darmstadt, Hessisches Landesmuseum.

(104) Die chinesische Mondgöttin Tschang O. Musée Guimet, Paris.

(115) Gustave Doré, Münchhausens Rückreise vom Mond, 1862. Holzschnitt.

(117) Darstellung des Wettstreits zwischen Sonne und Mond. Universitätsbibliothek, Göttingen.

(119) Pál Szinyei Merse, Fesselballon (Ausschnitt), 1878. Magyar Nemzeti Galéria, Budapest.